호텔리어 중국어

호텔리어 중국어

酒店服务汉语

원종민 · 장린자 · 서준 지음

호텔 실무 현장에서 쓰이는 중국어 핵심 문형 내용을 담은 학습서!

HU:iNE

머리말

이 책은 호텔리어가 중국어권 고객을 응대하면서 알아야 할 필수 중국어 핵심 문형을 실무 현장에서 유용하게 쓰일 수 있는 내용으로 기획되었습니다. 중국어 의사소통의 어려움을 극복하고 다양한 상황에 대비할 수 있습니다.

비행기 티켓 예매, 손님 안내, 환전 등 총 13개의 주제로 구성하였으며 각 과마다 상황별 대화문을 제공하여 다양한 표현을 익힐 수 있도록 하였으며 구문 해석을 위해 반드시 알아야 할 필수 문법을 제시하였습니다.

학습을 통해 본문에 대한 학습 정도를 체크해볼 수 있도록 연습문제를 제공, '표현 plus' 내용을 통해 상황별 중국어 문형을 추가로 학습해볼 수 있습니다.

매 과의 학습이 끝나면 각 상황과 관련된 중국어 호텔 용어를 팁으로 제공하여 호텔 관련 단어실력을 키울 수 있도록 하였으며, 몇 가지 가상 조건을 제시하여 미션을 완성할 수 있도록 하였습니다. 이 책이 중국어권 고객을 상대하는 호텔리어 분들에게 많은 도움이 되길 기대합니다. 이 책이 나오기까지 함께 애써주신 사이버한국외국어대학교 중국어학부 장린자 교수님, 많은 조언을 주신 짜오룬신 교수님께 감사드리며, 흔쾌히 출판을 도와주신 한국외국어대학교 지식출판원의 신선호 팀장님과 김민정 선생님께도 감사 드립니다.

2017년 2월 저자 씀

목차

04과 订票服务 비행기 티켓 예매하기

05과 货币兑换 외화 환전하기

06과 客房服务 객실 서비스

07과 洗衣服务 세탁 서비스

08과 医疗服务 의료 서비스

09과 在咖啡厅 카페에서

10과 在酒店餐厅 호텔 레스토랑에서

11과 在酒店纪念品店 호텔 기념품관에서

12과 行前服务 체크아웃 전 서비스

13과 退房 체크아웃

부록

호텔리어 중국어

01과

欢迎来到我们的酒店
Huānyíng láidào wǒmen de jiǔdiàn

저희 호텔에 오신 것을 환영합니다

1-1 단어와 핵심 문형
生词和关键句

☑ 이번 과에서 학습할 내용은?

1. 손님이 호텔에 방문했을 때 손님을 맞이하는 표현을 학습한다.

2. 고객을 영접하고 응대하는 방법을 학습한다.

3. 고객의 체크인 수속을 도울 수 있는 표현을 학습한다.

4. 고객의 호텔 예약 내역 확인과 관련된 용어를 학습한다.

5. 호텔과 관련된 추가 어휘를 학습한다.

☑ 新生词 단어

服务员	fúwùyuán	명 안내원, 직원
行李	xíngli	명 짐
旅行箱	lǚxíngxiāng	명 여행용 가방
公文箱	gōngwénxiāng	명 서류 가방
大厅	dàtīng	명 로비
前台	qiántái	명 프런트 데스크
办理	bànlǐ	동 수속을 밟다
入住	rùzhù	동 숙박하다
手续	shǒuxù	명 수속
预订	yùdìng	동 예약하다
预订号码	yùdìng hàomǎ	명 예약번호
稍等	shāo děng	동 기다리다
记录	jìlù	명 기록
等候	děnghòu	동 기다리다
单人房	dānrénfáng	명 1인실, 싱글룸
护照	hùzhào	명 여권
房卡	fángkǎ	명 카드키

关键句 핵심 문형

1. 欢迎来到我们的酒店。

Huānyíng láidào wǒmen de jiǔdiàn.

저희 호텔에 오신 것을 환영합니다.

2. 我带您去大厅前台。

Wǒ dài nín qù dàtīng qiántái.

프런트 데스크로 안내해 드리겠습니다.

3. 请往这边走。

Qǐng wǎng zhè biān zǒu.

이쪽으로 오십시오.

4. 我把您的行李放在这儿。

Wǒ bǎ nín de xíngli fàngzài zhèr.

손님의 짐을 이곳에 내려놓겠습니다.

5. 请问您需要什么服务?

Qǐng wèn nín xūyào shénme fúwù?

무엇을 도와드릴까요?

6. 您预订房间了吗?

Nín yùdìng fángjiān le ma?

방을 예약하셨습니까?

7. 请稍等，我查一下预订记录。

Qǐng shāo děng, wǒ chá yíxià yùdìng jìlù.

잠시만요, 제가 예약기록을 확인해 보겠습니다.

1-2 상황별 대화 1

情景对话1

☑ 在酒店门口 (Zài jiǔdiàn ménkǒu) 호텔입구에서

服务员： 先生，晚上好！欢迎来到我们的酒店。请问您有几件行李？

Xiānsheng, wǎnshang hǎo! Huānyíng láidào wǒmen de jiǔdiàn. Qǐng wèn nín yǒu jǐ jiàn xíngli?

李伟： 两件行李，一只旅行箱和一只公文箱。

Liǎng jiàn xíngli, yì zhī lǚxíngxiāng hé yì zhī gōngwénxiāng.

服务员： 好的，我先带您去大厅前台，请往这边走。

Hǎo de, wǒ xiān dài nín qù dàtīng qiántái, qǐng wǎng zhè biān zǒu.

……

我把您的行李放在这儿。

……

Wǒ bǎ nín de xíngli fàngzài zhèr.

李伟： 好，谢谢。

Hǎo, xièxie.

这时候用中文怎么说? 이럴 때는 중국어로 어떻게 말할까요?

把

~을/를

중국어의 기본 구조는 '주어 + 동사 + 목적어'인데, 목적어를 동사 앞으로 이끌어 내고자 할 때는 '주어 + 把 + 목적어 + 동사'로 표현할 수 있다. 이때 동사는 단독으로 쓰이지 않고, 반드시 동작의 결과가 나타나야 한다.

例句

1. 我把您的行李放在这儿。

   Wǒ bǎ nín de xíngli fàngzài zhèr.

   손님의 짐을 이곳에 내려놓겠습니다.

2. 我忘了把房卡拿出来了。

   Wǒ wàngle bǎ fángkǎ ná chūlái le.

   방의 카드키를 갖고 나오는 것을 잊어버렸어요.

memo

1-3 상황별 대화 2

情景对话2

☑ 在酒店前台 (Zài jiǔdiàn qiántái) 호텔 프런트데스크에서

服务员: 您好, 请问您需要什么服务?

Nín hǎo, qǐng wèn nín xūyào shénme fúwù?

李伟: 我要办理入住手续。

Wǒ yào bànlǐ rùzhù shǒuxù.

服务员: 好的, 您预订房间了吗?

Hǎode, nín yùdìng fángjiān le ma?

李伟: 我预订了两天的房间, 这是我的预订号码。

Wǒ yùdìng le liǎng tiān de fángjiān, zhè shì wǒ de yùdìng hàomǎ.

这时候用中文怎么说? 이럴 때는 중국어로 어떻게 말할까요?

要

~하고 싶다

조동사 要는 '~을 하고 싶다'는 의지를 나타낸다.

例句

1. 我要预订房间。

   Wǒ yào yùdìng fángjiān.

   방을 예약하고 싶습니다.

2. 我要预订三个晚上的单人房。

   Wǒ yào yùdìng sān ge wǎnshang de dānrénfáng.

   나는 싱글룸을 3일간 예약하고 싶습니다.

memo

1-4 상황별 대화 3

情景对话3

☑ 在酒店前台 (Zài jiǔdiàn qiántái) 호텔 프런트데스크에서

服务员: 请稍等, 我查一下预订记录。

Qǐng shāo děng, wǒ chá yíxià yùdìng jìlù.

……

李先生, 谢谢您的等候, 您预订了两个晚上的单人房, 请给我看一下您的护照。

……

Lǐ xiānsheng, xièxie nín de děnghòu, nín yùdìng le liǎng ge wǎnshang de dānrénfáng, qǐng gěi wǒ kàn yíxià nín de hùzhào.

李伟: 好, 在这儿。

Hǎo, zài zhèr.

服务员: 谢谢, 您的房间是306号, 这是您的房卡, 请稍等一下, 服务员会带您去房间。

Xièxie, nín de fángjiān shì sān líng liú hào, zhè shì nín de fángkǎ, qǐng shāo děng yíxià, fúwùyuán huì dài nín qù fángjiān.

李伟: 谢谢。

Xièxie.

这时候用中文怎么说? 이럴 때는 중국어로 어떻게 말할까요?

~一下

~해보다

'동사 + 一下'는 짧은 시간 안에 일어나는 한 차례의 동작을 표현한다. '좀 ~하다', '어떤 동작을 좀 ~해 보다'의 의미를 가지고 있다.

例句

1. 请稍等，我查一下预订记录。

   Qǐng shāo děng, wǒ chá yíxià yùdìng jìlù.

   잠시만요, 제가 예약기록을 확인해 보겠습니다.

2. 请给我看一下您的护照。

   Qǐng gěi wǒ kàn yíxià nín de hùzhào.

   여권을 좀 보여주십시오.

memo

1-5 표현 업그레이드 进阶表达

☑ 是非题 O, X 문제

음원을 듣고 해당되는 답을 체크해보세요.

	O	X
1. 来酒店的客人是男人。 호텔에 온 손님은 남성이다.	(　　)	(　　)
2. 客人已经预订房间了。 손님은 이미 투숙할 방을 예약했다.	(　　)	(　　)
3. 客人预订三天的双人房。 손님은 트윈룸을 3일간 예약했다.	(　　)	(　　)
4. 服务员把房卡给客人。 직원은 카드키를 손님께 드렸다.	(　　)	(　　)

☑ 连连看 연결하기

1. 我要办理入住手续。	a. 两件行李。
2. 请问您有几件行李?	b. 好的，请稍等， 我查一下预订记录。
3. 您预订房间了吗?	c. 好，在这儿。
4. 请给我看一下您的护照。	d. 我预订了两天的房间， 这是我的预订号码。

☑ 酒店相关句型 표현 PLUS

1. 欢迎来到乐天酒店。

   Huānyíng láidào Lètiān jiǔdiàn.

   저희 롯데호텔에 오신 것을 환영합니다.

2. 欢迎光临乐天酒店。

   Huānyíng guānglín Lètiān jiǔdiàn.

   저희 롯데호텔에 오신 것을 환영합니다.

3. 很高兴为您服务。

   Hěn gāoxìng wèi nín fúwù.

   손님을 모시게 되어 기쁩니다.

4. 我能为您效劳吗?

   Wǒ néng wèi nín xiàoláo ma?

   무엇을 도와드릴까요?

☑ 酒店相关词汇 단어 PLUS

• **酒店类型** (jiǔdiàn lèixíng) **호텔 유형**

宾馆	bīnguǎn	호텔
度假酒店	dùjià jiǔdiàn	리조트
机场酒店	jīchǎng jiǔdiàn	에어포트 호텔
酒店式公寓	jiǔdiànshì gōngyù	레지던스

• **酒店房型** (jiǔdiàn fángxíng) **객실 유형**

标准房	biāozhǔnfáng	스탠다드룸(Standard Room)
高级房	gāojífáng	수페리어룸(Superior Room)
豪华房	háohuáfáng	디럭스룸(Deluxe Room)
商务房	shāngwùfáng	비즈니스룸(Business Room)
单人房	dānrénfáng	1인실, 싱글룸(Single Room)
双人房	shuāngrénfáng	2인실, 트윈룸(Twin Room)
三人房	sānrénfáng	3인실, 트리플룸(Triple Room)
家庭房	jiātíngfáng	패밀리룸(Family Room)

☑ 任务 미션

你是酒店服务员。有一位客人预订了五天的双人房。请想一想你们会怎么对话。

당신은 호텔의 직원입니다. 손님 한 분이 5일 동안 트윈룸에 묵으려고 합니다. 여러분은 어떻게 대화를 할지 생각해보세요.

02과

领客人入房
Lǐng kèrén rùfáng

객실로 손님 안내하기

2-1 단어와 핵심 문형

生词和关键句

☑ 이번 과에서 학습할 내용은?

1. 투숙객을 상대할 때 활용할 수 있는 간단한 인사 표현을 학습한다.

2. 투숙객을 객실로 인도하는 상황에 필요한 표현을 학습한다.

3. 객실을 안내할 때 필요한 표현을 학습한다.

4. 호텔에 있는 부대시설을 안내하는 표현을 학습한다.

5. 손님의 요구에 응대할 수 있는 관련 어휘를 학습한다.

☑ 新生词 단어

电梯	Diàntī	명 엘리베이터
出差	Chūchāi	동 출장가다
值得	Zhídé	동 ~할 만한 가치가 있다
愉快	Yúkuài	형 기쁘다, 즐겁다
灯	Dēng	명 전등, 등
宽	Kuān	형 넓다
舒适	Shūshì	형 편안하다. 쾌적하다
服务指南	fúwù zhǐnán	명 안내 책자
拨	Bō	동 다이얼을 돌리다(누르다)
分机号码	Fēnjīhàomǎ	명 내선번호
总机	Zǒngjī	명 대표전화
话务员	Huàwùyuán	명 전화 안내원
帮忙	Bāngmáng	명 일을 돕다

关键句 핵심 문형

1. 我带您到您的房间。

   Wǒ dài nín dào nín de fángjiān.

   제가 객실로 안내해 드리겠습니다.

2. 这是您第一次到首尔吗?

   Zhè shì nín dì yī cì dào Shǒu'ěr ma?

   서울에 처음 오셨습니까?

3. 这是我们酒店的服务指南。

   Zhè shì wǒmen jiǔdiàn de fúwù zhǐnán.

   이것은 저희 호텔의 안내 책자입니다.

4. 如果您需要什么,请拨分机号码,或拨0由总机为您服务。

   Rúguǒ nín xūyào shénme, qǐng bō fēnjī hàomǎ, huò bō líng yóu zǒngjī wèi nín fúwù.

   필요한 것이 있을 때 내선번호 0을 누르시면 프런트에서 도와드릴 겁니다.

5. 还有什么需要我帮忙的吗?

   Hái yǒu shénme xūyào wǒ bāngmáng de ma?

   제가 더 도와드릴 것이 있습니까?

2-2 상황별 대화 1

情景对话1

服务员带客人到房间 (Fúwùyuán dài kèrén dào fángjiān)
종업원이 손님을 방으로 안내한다.

服务员: 先生, 我带您到您的房间, 请跟我来。
Xiānsheng, wǒ dài nín dào nín de fángjiān, qǐng gēn wǒ lái.
. . . (在电梯里)这是您第一次到首尔吗?
...(zài diàntī li) Zhè shì nín dì yī cì dào Shǒu'ěr ma?

李伟: 是的, 我是来出差的。
Shì de, wǒ shì lái chūchāi de.

服务员: 首尔有许多地方值得看看, 希望您在首尔过得愉快。
Shǒu'ěr yǒu xǔduō dìfāng zhídé kàn kan, xīwàng nín zài Shǒu'ěr guò de yúkuài.

李伟: 谢谢。
Xièxie.

这时候用中文怎么说? 이럴 때는 중국어로 어떻게 말할까요?

是~的

~에서(장소),
~위하여(목적)

'的'자구 앞에 동사 '是'가 와서 '是~的'의 문형을 이루어 술어가 된다. '주어 + 是~的'는 '주어는 ~한 사람이다', '주어는 ~한 것이다'등의 의미를 나타낸다.

例句

1. 我是来出差的。

   Wǒ shì lái chūchāi de.

   저는 출장 왔습니다.

2. 这家酒店是上海最大的。

   Zhè jiā jiǔdiàn shì Shànghǎi zuì dà de.

   이 호텔은 상하이에서 가장 큰 호텔입니다.

memo

2-3 상황별 대화 2

情景对话2

☑ 服务员打开房间门，把灯打开 (Fúwùyuán dǎkāi fángjiānmén, bǎ dēng dǎkāi)
종업원이 방문을 열고 등을 켠다.

服务员： 这是您的房间，我把行李放在这里好吗？
Zhè shì nín de fángjiān, wǒ bǎ xíngli fàngzài zhè li hǎo ma?

李伟： 好的。哇，房间很宽很舒适。
Hǎo de. Wa, fángjiān hěn kuān hěn shūshì.

服务员： 这是我们酒店的服务指南，如果您需要什么，请拨分机号码，或拨0由总机为您服务。
Zhè shì wǒmen jiǔdiàn de fúwù zhǐnán, rúguǒ nín xūyào shénme, qǐng bō fēnjī hàomǎ, huò bō líng yóu zǒngjī wèi nín fúwù.

李伟： 好的，谢谢。
Hǎo de, xièxie.

这时候用中文怎么说? 이럴 때는 중국어로 어떻게 말할까요?

如果

만약

가정을 나타내며, '만약~이라면'의 의미를 나타낸다. 비슷한 의미로 '要是~'라는 표현이 있다. '如果'는 생략할 수 있다.

例句

1. 如果您需要什么，请告诉我。

   Rúguǒ nín xūyào shénme, qǐng gàosu wǒ.
   필요한 것이 있으시면 제게 말해 주십시오.

2. 如果您想换房间，请给前台打电话。

   Rúguǒ nín xiǎng huàn fángjiān, qǐng gěi qiántái dǎ diànhuà.
   만약 객실을 바꾸고 싶으시다면, 프런트로 연락 주시기 바랍니다.

memo

2-4 상황별 대화 3
情景对话3

☑ 拨打电话 (Bōdǎ diànhuà) 전화를 건다.

话务员： 您好，很高兴能为您服务。

Nín hǎo, hěn gāoxìng néng wèi nín fúwù.

李伟： 请问餐厅在哪儿?

Qǐng wèn cāntīng zài nǎr?

话务员： 餐厅在8楼，还有什么需要我帮忙的吗?

Cāntīng zài bā lóu, hái yǒu shénme xūyào wǒ bāngmáng de ma?

李伟： 没有，谢谢。

Méi yǒu, xièxie.

这时候用中文怎么说? 이럴 때는 중국어로 어떻게 말할까요?

~一下

~해보다

'동사 + 一下'는 짧은 시간 안에 일어나는 한 차례의 어떤 동작을 표현한다. '좀 ~하다', '어떤 동작을 좀 ~해 보다'의 의미를 표현한다.

例句

1. 请问餐厅在哪儿?

   Qǐng wèn cāntīng zài nǎr?

   실례지만 식당은 어디에 있습니까?

2. 我在酒店大厅等你。

   Wǒ zài jiǔdiàn dàtīng děng nǐ.

   저는 호텔 로비에서 당신을 기다리겠습니다.

memo

2-5 표현 업그레이드

进阶表达

☑ 是非题 O, X 문제

음원을 듣고 해당되는 답을 체크해보세요.

	O	X
1. 客人是第一次到首尔的。 손님은 서울에 처음 왔습니다.	(　　)	(　　)
2. 客人是来出差的。 손님은 출장을 왔습니다.	(　　)	(　　)
3. 总机号码是1。 대표전화는 1번입니다.	(　　)	(　　)
4. 服务员把服务指南给客人。 직원은 안내 책자를 손님께 드렸습니다.	(　　)	(　　)

☑ 连连看 연결하기

1. 请问餐厅在哪儿? • • a. 餐厅在8楼。
2. 我带您到您的房间, 请跟我来。 • • b. 谢谢。
3. 还有什么需要我帮忙的吗? • • c. 哇，房间很宽很舒适。
4. 这是您的房间。 • • d. 没有，谢谢。

☑ 酒店相关句型 표현 PLUS

1. 这是总开关。

Zhè shì zǒngkāiguān.
이것은 메인 스위치입니다.

2. 这是电灯开关、衣柜和小冰柜。

Zhè shì diàndēng kāiguān、yīguì hé xiǎobīngguì.
전등 스위치, 옷장 그리고 냉장고입니다.

3. 这是节目单和遥控器，电视一共有5个免费频道。

Zhè shì jiēmùdān hé yáokòngqì, diànshì yígòng yǒu wǔ ge miǎnfèi píndào.
이것은 TV 프로그램 안내서와 리모컨이며, 총 5개의 무료 채널이 제공됩니다.

4. 浴室里有两个插座，一个是220伏电压，另一个是110伏电压。

Yùshì li yǒu liǎng ge chāzuò, yí ge shì èr bǎi èr shí fú diànyā, lìng yí ge shì yì bǎi yì shí fú diànyā.

욕실 안에는 콘센트 2개가 있으며, 하나는 220V, 나머지 하나는 110V입니다.

5. 请不要喝自来水，桌上有两瓶饮用水，都是免费的。

Qǐng bú yào hē zìláishuǐ, zhuōshàng yǒu liǎng píng yǐnyòngshuǐ, dōu shì miǎnfèi de.

가급적 수돗물이 아닌 선반 위의 식수 2병을 드시기 바랍니다. 이는 모두 무료입니다.

6. 您的房间正好面对着花园，非常安静，我想您一定会喜欢的。

Nín de fángjiān zhènghǎo miànduìzhe huāyuán, fēicháng ānjìng, wǒ xiǎng nín yídìng huì xǐhuan de.

고객님의 객실이 화원을 향하고 있어 조용하니, 고객님께서도 분명 좋아하실 거라 생각합니다.

☑ 酒店相关词汇 단어 PLUS

• **酒店设施** (Jiǔdiàn shèshī) **호텔 시설**

咖啡厅	kāfēitīng	명 카페
酒吧	jiǔbā	명 바(bar)
游泳池	yóuyǒngchí	명 수영장
纪念品店	jìniànpǐn diàn	명 기념품관
健身房	jiànshēnfáng	명 헬스클럽
美容美发中心	měiróngměifà zhōngxīn	명 뷰티케어센터

☑ 任务 미션

你是酒店服务员，请给客人介绍一下酒店设施的位置，想一想你们会怎么对话。

당신은 호텔의 직원입니다. 손님에게 호텔의 부대시설을 소개할 때, 여러분은 어떻게 대화를 할지 생각해 보세요.

客人房号 객실호수	设施名称 부대시설 명칭			
	咖啡厅 카페	游泳池 수영장	健身房 헬스클럽	纪念品店 기념품관
598号房，张先生 598호, 미스터 장	2楼 2층	1楼 1층	5楼 5층	3楼 3층
175号房，李小姐 175호, 미쓰 리	18楼 18층	9楼 9층	6楼 6층	8楼 8층

03과

给客人留言
Gěi kèrén liúyán

손님에게 메시지 남기기

3-1 단어와 핵심 문형

生词和关键句

☑ 이번 과에서 학습할 내용은?

1. 외부 손님과 객실 간의 전화 연결 시 필요한 표현을 학습한다.

2. 투숙객의 메시지 기록을 확인할 때 필요한 표현을 학습한다.

3. 투숙객의 메시지와 물건을 전달할 때 필요한 표현을 학습한다.

4. 메시지 남기고 수하물을 전달하는 관련 표현을 학습한다.

5. 호텔과 관련된 단어를 보충하여 학습한다.

新生词 단어

转接	zhuǎnjiē	동 (전화를) 연결하다
接通	jiētōng	동 연결되다
是否	shìfǒu	부 ~인지 아닌지
留下	liúxià	동 남기다, 남겨 두다
任何	rènhé	대 어떠한
便条	biàntiáo	명 메시지, 메모
离开	líkāi	동 떠나다
转交	zhuǎnjiāo	동 전달하다
记录表	jìlùbiǎo	명 기록 리스트
顺序编号	shùnxù biānhào	명 일련번호

关键句 핵심 문형

1. 您可以帮我转接吗?

Nín kěyǐ bāng wǒ zhuǎnjiē ma?

그 사람에게 전화 좀 걸어줄 수 있나요?

2. 房间里没有人接电话。

Fángjiān li méi yǒu rén jiē diànhuà.

아무도 전화를 받지 않는군요.

3. 请您查一下他是否留下任何便条。

Qǐng nín chá yíxià tā shìfǒu liúxià rènhé biàntiáo.

그 사람이 어떤 메모를 남겼는지 좀 알아봐 주세요.

4. 我可以给他留个便条吗?

Wǒ kěyǐ gěi tā liú ge biàntiáo ma?

그 분에게 메모를 남길 수 있을까요?

5. 请把这张便条和这个东西转交给他。

Qǐng bǎ zhè zhāng biàntiáo hé zhè ge dōngxi zhuǎnjiāogěi tā.

이 메모지와 물건을 그 분에게 전해주세요.

3-2 상황별 대화 1

情景对话1

HOTEL

☑ 在酒店前台 (Zài jiǔdiàn qiántái) 호텔 프런트데스크에서

李伟： 晚上好。

Wǎnshang hǎo.

服务员： 先生，晚上好。我能为您效劳吗？

Xiānsheng, wǎnshang hǎo. Wǒ néng wèi nín xiàoláo ma?

李伟： 我来找128房间的金喜善小姐，她是昨天到这儿的，您可以帮我转接吗？

Wǒ lái zhǎo yāo èr bā fángjiān de Jīn xǐshàn xiǎojiě, tā shì zuótiān dào zhèr de, nín kěyǐ bāng wǒ zhuǎnjiē ma?

服务员： 好的，请稍等，我给您接通。

Hǎo de, qǐng shāo děng, wǒ gěi nín jiētōng.

这时候用中文怎么说? 이럴 때는 중국어로 어떻게 말할까요?

可以

~할 수 있다

조동사 '可以'는 '허락', '허가'의 의미를 나타낸다.

例句

1. 您可以帮我转接吗?

Nín kěyǐ bāng wǒ zhuǎnjiē ma?

그 사람에게 전화 좀 걸어줄 수 있나요?

2. 我可以给他留个便条吗?

Wǒ kěyǐ gěi tā liú ge biàntiáo ma?

그 분에게 메모를 남길 수 있을까요?

memo

3-3 상황별 대화 2

情景对话2

☑ 拨打电话以后 (Bōdǎ diànhuà yǐhòu) 전화 통화 이후

服务员： 对不起, 先生, 房间里没有人接电话。

Duìbuqǐ, xiānsheng, fángjiān lì méi yǒu rén jiē diànhuà.

李伟： 请您查一下她是否留下任何便条。

Qǐng nín chá yíxià tā shìfǒu liúxià rènhé biàntiáo.

服务员： 我帮您看一下。…这儿有一张她的便条, 上面写着她一大早去大邱, 晚上才回来。

Wǒ bāng nín kànyíxià. …Zhèr yǒu yì zhāng tā de biàntiáo, shàngmiàn xiě zhe tā yídàzǎo qù Dàqiū, wǎnshang cái huílái.

李伟： 好, 谢谢。

Hǎo, xièxie.

这时候用中文怎么说? 이럴 때는 중국어로 어떻게 말할까요?

没有

~없다, ~않았다

'没有'는 존재에 대한 부정을 나타낸다. 이때 문장 앞에는 항상 시간, 장소를 나타내는 말이 온다. '没有'는 또 동작이나 상태가 이미 발생했다는 것을 부정한다.

例句

1. 房间里没有人接电话。

   Fángjiān li méi yǒu rén jiē diànhuà.

   아무도 전화를 받지 않는군요.

2. 他没有留下任何便条。

   Tā méi yǒu liúxià rènhé biàntiáo.

   그 사람이 어떤 메모도 남기지 않았습니다.

memo

3-4 상황별 대화 3

情景对话3

☑ 在酒店前台 (Zài jiǔdiàn qiántái) 호텔 프런트데스크에서

李伟： 我可以给她留个便条吗?她明天就要离开首尔了。

Wǒ kěyǐ gěi tā liú ge biàntiáo ma?Tā míngtiān jiù yào líkāi Shǒu'ěr le.

服务员： 当然, 这是纸和笔。

Dāngrán, zhè shì zhǐ hé bǐ.

李伟： 请把这张便条和这个东西转交给她。

Qǐng bǎ zhè zhāng biàntiáo hé zhè ge dōngxi zhuǎnjiāogěi tā.

服务员： 好的, 没问题。(服务员在“物品转交记录表”写上物品的顺序编号)

Hǎo de, méi wèntí.(Fúwùyuán zài “wùpǐn zhuǎnjiāo jìlùbiǎo ” xiěshàng wùpǐn de shùnxù biānhào)

这时候用中文怎么说? 이럴 때는 중국어로 어떻게 말할까요?

就要

곧 ~하다,
곧 ~하려고 하다,
곧 ~할 것이다

'就要'는 짧은 시간안에 어떤 일이 곧 발생함을 나타낸다.
'곧 ~하려고 하다', '곧 ~할 것이다'로 해석 된다.

例句

1. 他明天就要离开首尔了。

   Tā míngtiān jiù yào líkāi Shǒu'ěr le.

   그 분은 내일 서울을 떠납니다.

2. 再过五分钟火车就要开了。

   Zài guò wǔ fēn zhōng huǒchē jiù yào kāi le.

   기차가 5분 후 곧 출발합니다.

memo

3-5 표현 업그레이드

进阶表达

☑ 是非题 O, X 문제

음원을 듣고 해당되는 답을 체크해보세요.

	O	X
1. 金先生的房号是228。 김선생님의 객실 호수는 228호이다.	( )	( )
2. 金先生留下一张便条。 김선생님은 메모 한 장을 남겼다.	( )	( )
3. 客人想给金先生留言。 손님은 김선생님에게 메시지를 남기고 싶어 한다.	( )	( )
4. 服务员会把便条和东西转交给金先生。 직원은 메시지와 수하물을 김선생님에게 전달할 것이다.	( )	( )

☑ 连连看 연결하기

1. 请您查一下他是否留下任何便条。	a. 好的，请稍等，我给您接通。
2. 我来找128房间的金小姐，您可以帮我转接吗?	b. 我帮您看一下。
3. 我可以给他留个便条吗?	c. 好的，没问题。
4. 请把这张便条和这个东西转交给他。	d. 当然，这是纸和笔。

☑ 酒店相关句型 표현 PLUS

• **留言** (Liúyán) **메시지 남기기**

1. 您要留言吗?

   Nín yào liúyán ma?
   메시지를 남기시겠습니까?

2. 请告诉658房间的张先生，李小姐给他打过电话。

   Qǐng gàosu liù wǔ bā fángjiān de Zhāng xiānsheng, Lǐ xiǎojiě gěi tā dǎguò diànhuà.
   658호의 장선생님께 李小姐가 전화 했었다고 알려주십시오.

3. 张先生回来后请让他给我回电。

   Zhāng xiānsheng huílái hòu qǐng ràng tā gěi wǒ huídiàn.
   장선생님께서 돌아오시면 답전화를 부탁드린다고 전해주십시오.

4. 很抱歉，张先生已经不住在我们酒店了。

Hěn bàoqiàn, Zhāng xiānsheng yǐjīng bú zhùzài wǒmen jiǔdiàn le.

정말 죄송합니다. 장선생님은 이미 저희 호텔에 있지 않습니다.

5. 我将会转告您的留言。

Wǒ jiāng huì zhuǎngào nín de liúyán.

제가 손님의 메시지를 전달해드리도록 하겠습니다.

☑ 酒店相关词汇 단어 PLUS

• **搭乘火车** (Dāchéng huǒchē) **기차 탑승**

火车时刻表	huǒchē shíkèbiǎo	명 기차시간표
晚点	wǎndiǎn	동 연착하다
火车票	huǒchēpiào	명 기차표
售票处	shòupiàochù	명 매표소
退票	tuìpiào	동 표를 환불하다
检票口	jiǎnpiàokǒu	명 개찰구
随身行李	suíshēn xíngli	명 수하물
车次	chēcì	명 열차번호
硬卧	yìngwò	명 일반 침대석
软卧	ruǎnwò	명 일등 침대석

☑ 任务 미션

你是酒店服务员，李先生想找一位酒店客人，但是这位客人到别的地方出差了，想一想你们会怎么对话。

당신은 호텔 직원입니다. 이선생님(李先生)은 호텔의 손님 한 분을 찾고 있습니다. 그러나 그 손님은 다른 지역으로 출장을 갔습니다. 이럴 때 여러분은 어떻게 대화를 할지 생각해 보세요.

酒店客人 호텔 손님	出差的地方 출장 지역	出发时间 출발 시간	回到酒店的时间 호텔로 돌아오는 시간
王小姐	釜山 부산	早上六点 06:00	下午四点 16:00
张先生	济州岛 제주도	上午十点 10:00	后天晚上八点 모레 20:00
金小姐	大田 대전	下午两点 14:00	明天上午十一点 내일 11:00

04과

订票服务
Dìngpiào fúwù

비행기 티켓 예매하기

4-1 단어와 핵심 문형

生词和关键句

이번 과에서 학습할 내용은?

1. 비행기 티켓을 예매하는 관련 표현을 학습한다.

2. 비행기 티켓을 구매하는 투숙객을 응대하는 표현을 학습한다.

3. 항공사의 비행기 티켓 상황 설명 및 관련 표현을 학습한다.

4. 항공기 등급별 좌석 명칭을 학습한다.

5. 한국과 중국의 항공사 명칭을 학습한다.

☑ 新生词 단어

济州岛	Jìzhōudǎo	명 제주도
机票	jīpiào	명 비행기표
航班	hángbān	명 운항편, 항공편
订	dìng	동 예약하다
抱歉	bàoqiàn	형 미안해하다
旅游旺季	lǚyóu wàngjì	명 여행 성수기
考虑	kǎolǜ	동 고려하다
目前	mùqián	명 현재
剩下	shèngxià	동 남기다
只好	zhǐhǎo	부 ~할 수밖에 없다
经济舱	jīngjìcāng	명 이코노미 클래스
机场税	jīchǎngshuì	명 공항세
信用卡	xìnyòngkǎ	명 신용 카드
刷卡	shuākǎ	동 카드로 결제하다
付费	fùfèi	동 비용을 지불하다
电子机票	diànzǐ jīpiào	명 전자 티켓
发票	fāpiào	명 영수증

关键句 핵심 문형

1. 每天有几个航班?

Měitiān yǒu jǐ ge hángbān?

매일 몇 편의 비행기가 있지요?

2. 现在是旅游旺季。

Xiànzài shì lǚyóu wàngjì.

지금은 여행 성수기입니다.

3. 您要什么时候的机票?

Nín yào shénme shíhou de jīpiào?

어느 날짜의 표를 원하십니까?

4. 飞往济州岛的经济舱机票是韩币20万。

Fēiwǎng Jìzhōudǎo de jīngjìcāng jīpiào shì hánbì èr shí wàn.

제주도행 이코노미 클래스는 원화 20만원입니다.

5. 祝您旅途愉快!

Zhù nín lǚtú yúkuài!

즐거운 여행이 되시길 바랍니다!

4-2 상황별 대화 1

情景对话1

☑ 在酒店订机票 (Zài jiǔdiàn dìng jīpiào) 호텔에서 비행기 표를 예약하다.

服务员： 早上好！我能为您效劳吗？

Zǎoshang hǎo! Wǒ néng wèi nín xiàoláo ma?

李伟： 我想买去济州岛的机票，每天有几个航班？

Wǒ xiǎng mǎi qù Jìzhōudǎo de jīpiào, měitiān yǒu jǐ ge hángbān?

服务员： 每天有五个航班。

Měitiān yǒu wǔ ge hángbān.

李伟： 请帮我订一张星期六去济州岛的机票。

Qǐng bāng wǒ dìng yì zhāng xīngqīliù qù Jìzhōudǎo de jīpiào.

这时候用中文怎么说? 이럴 때는 중국어로 어떻게 말할까요?

帮

돕다

'帮'은 '돕다'는 의미로 '请帮我 + 동작'은 '저를 도와 ~을(를) 해주세요'라는 의미다.

例句

1. 请帮我订一张星期六去济州岛的机票。

   Qǐng bāng wǒ dìng yì zhāng xīngqīliù qù Jìzhōudǎo de jīpiào.

   토요일에 출발하는 제주도행 티켓 한 장을 예약하고 싶어요.

2. 请帮我把行李放到大巴上。

   Qǐng bāng wǒ bǎ xíngli fàngdào dàbā shang.

   짐을 버스 위에 좀 올려주세요.

memo

4-3 상황별 대화 2

情景对话2

HOTEL

☑ 查询机票以后 (Cháxún jīpiào yǐhòu) 비행기 표 문의 후

服务员： 很抱歉，现在是旅游旺季，周末的票都卖完了。

Hěn bàoqiàn, xiànzài shì lǚyóu wàngjì, zhōumò de piào dōu màiwán le.

李伟： 没票了，怎么办?

Méi piào le, zěnme bàn?

服务员： 要是周末出发的话，您可以考虑从釜山飞往济州岛的航班，从首尔坐KTX到釜山不到三个小时。目前还剩下几张票，要帮您订票吗?

Yàoshì zhōumò chūfā de huà, nín kěyǐ kǎolǜ cóng Fǔshān fēiwǎng Jǐzhōudǎo de hángbān, cóng Shǒu'ěr zuò KTX dào Fǔshān bú dào sān ge xiǎoshí.
Mùqián hái shèngxià jǐ zhāng piào, yào bāng nín dìngpiào ma?

李伟： 好吧，看来我只好从釜山出发了。

Hǎo ba, kànlái wǒ zhǐhǎo cóng Fǔshān chūfā le.

这时候用中文怎么说? 이럴 때는 중국어로 어떻게 말할까요?

要是

만약

'要是'는 '如果'와 같이 '만약~이라면'의 의미를 나타낸다.

例句

1. 要是周末出发的话，您可以考虑从釜山飞往济州岛的航班。

   Yàoshì zhōumò chūfā de huà, nín kěyǐ kǎolǜ cóng Fǔshān fēiwǎng Jǐzhōudǎo de hángbān.

   만약 주말에 출발하신다면 부산에서 제주도로 가는 항공편을 고려해보실 수도 있습니다.

2. 要是您不知道怎么来酒店的话，我们可以去机场接机。

   Yàoshì nín bù zhīdao zěnme lái jiǔdiàn de huà, wǒmen kěyǐ qù jīchǎng jiējī.

   만약 호텔에 오는 방법을 모르신다면, 저희가 공항에서 픽업서비스를 해드리겠습니다.

4-4 상황별 대화 3

情景对话3

HOTEL

订机票 (Dìng jīpiào) 비행기표를 예약하다.

服务员： 您要什么时候的机票?

Nín yào shénme shíhou de jīpiào?

李伟： 我要一张星期六上午九点的经济舱机票。

Wǒ yào yì zhāng xīngqīliù shàngwǔ jiǔ diǎn de jīngjìcāng jīpiào.

服务员： 好的, 飞往济州岛的机票是韩币18万, 加上机场税一共是20万。(李伟拿出信用卡刷卡付费)

Hǎo de, fēiwǎng Jìzhōudǎo de jīpiào shì hánbì shí bā wàn, jiāshàng jīchǎngshuì yígòng shì èr shí wàn. (Lǐ wěi náchū xìnyòngkǎ shuākǎ fùfèi)

服务员： 谢谢, 这是您的电子机票和发票, 祝您旅途愉快!

Xièxie, zhè shì nín de diànzǐ jīpiào hé fāpiào, zhù nín lǚtú yúkuài!

这时候用中文怎么说? 이럴 때는 중국어로 어떻게 말할까요?

祝

~하기를 바라다

'**祝**'에는 '축하하다', '~하기를 바라다'의 의미가 있다. '**祝** + 주어 + 동사'는 '~이(가) ~하기를 바란다'의 의미를 나타낸다.

例句

1. 祝您旅途愉快!

   Zhù nín lǚtú yúkuài!

   즐거운 여행이 되시기 바랍니다.

2. 祝您用餐愉快!

   Zhù nín yòngcān yúkuài!

   맛있게 드십시오.

memo

4-5 표현 업그레이드
进阶表达

☑ 是非题 O, X 문제

음원을 듣고 해당되는 답을 체크해보세요.

	O	X
1. 客人想订一张经济舱机票。 손님은 이코노미석 비행기 티켓 한 장을 예약하고 싶어 한다.	(　)	(　)
2. 现在是旅游旺季，所以买不到从首尔出发的票。 지금은 여행 성수기라 서울에서 출발하는 비행기 티켓을 예약하지 못했다.	(　)	(　)
3. 客人最后打算从釜山出发。 손님은 결국 부산에서 출발하기로 했다.	(　)	(　)
4. 从釜山飞往济州岛的机票两张一共18万。 부산에서 제주도로 가는 비행기 티켓은 두 장에 총 18만원이다.	(　)	(　)

☑ 连连看 연결하기

1. 我能为您效劳吗? •	• a. 每天六个航班。
2. 每天有几个航班? •	• b. 我要一张星期三下午五点的经济舱机票。
3. 请帮我订一张星期六去济州岛的机票。 •	• c. 我想买去济州岛的机票。
4. 您要什么时候的机票? •	• d. 很抱歉，现在是旅游旺季，周末的票都卖完了。

☑ 酒店相关词汇 단어 PLUS

• **舱位** (Cāngwèi) **좌석**

经济舱	Jīngjìcāng	명 이코노미 클래스
商务舱	Shāngwùcāng	명 비즈니스 클래스
头等舱	Tóuděngcāng	명 일등 선실
升舱	Shēngcāng	명 항공권 업그레이드

• **航空公司名称** (Hángkōng gōngsī míngchēng) **항공사 명칭**

中国国际航空	Zhōngguó guójì hángkōng	명 중국국제항공공사
中国南方航空	Zhōngguó nánfāng hángkōng	명 중국남방항공
中国东方航空	Zhōngguó dōngfāng hángkōng	명 중국동방항공

中华航空	Zhōnghuá hángkōng	명 중화항공
长荣航空	Chángróng hángkōng	명 에바항공
韩亚航空	Hányà hángkōng	명 아시아나항공
大韩航空	Dàhán hángkōng	명 대한항공

☑ 任务 미션

你是酒店服务员，现在有中国游客要订从首尔出发到别的城市的机票，想一想你们会怎么对话。

당신은 호텔 직원입니다. 지금 서울에서 타 도시로 가는 비행기 티켓을 예매하고자 하는 중국인 여행객이 있습니다. 이럴 때 여러분은 어떻게 대화를 할지 생각해보세요.

城市 도시	大韩航空 대한항공			韩亚航空 아시아나항공		
	航班数 편수	价格 금액		航班数 편수	价格 금액	
釜山 부산	3	经济舱 이코노미 클래스 ₩160,000	商务舱 비즈니스 클래스 ₩330,000	4	经济舱 이코노미 클래스 ₩140,000	商务舱 비즈니스 클래스 ₩310,000
大邱 대구	2	经济舱 이코노미 클래스 ₩130,000	商务舱 비즈니스 클래스 ₩310,000	1	经济舱 이코노미 클래스 ₩120,000	商务舱 비즈니스 클래스 ₩290,000
台北 타이베이	6	经济舱 이코노미 클래스 ₩520,000	商务舱 비즈니스 클래스 ₩760,000	5	经济舱 이코노미 클래스 ₩510,000	商务舱 비즈니스 클래스 ₩770,000
上海 상하이	9	经济舱 이코노미 클래스 ₩42,000	商务舱 비즈니스 클래스 ₩680,000	8	经济舱 이코노미 클래스 ₩46,000	商务舱 비즈니스 클래스 ₩720,000

05과

货币兑换
Huòbì duìhuàn

외화 환전하기

5-1 단어와 핵심 문형
生词和关键句

☑ 이번 과에서 학습할 내용은?

1. 외환 환전을 희망하는 고객을 응대하는 표현을 학습한다.

2. 외환 환전과 관련된 표현을 학습한다.

3. 외환 환전 시 필요한 환율 정보를 안내한다.

4. 외환 환전 절차 안내와 관련하여 표현을 학습한다.

5. 각국의 외환 환전 내용을 학습한다.

新生词 단어

美元	měiyuán	명 달러(dollar)
兑换	duìhuàn	동 환전하다
韩币	hánbì	명 원화(won)
汇率	huìlǜ	명 환율
填写	tiánxiě	동 기입하다
申请书	shēnqǐngshū	명 신청서
兑换单	duìhuàndān	명 외환 거래장
出示	chūshì	동 제시하다
护照	hùzhào	명 여권
耐心	nàixīn	형 참을성이 있다
等候	děnghòu	동 기다리다
支票	zhīpiào	명 수표
其余	qíyú	대 나머지
签字	qiānzì	동 서명하다
核对	héduì	동 대조 확인하다
金额	jīn'é	명 금액

关键句 핵심 문형

1. 我要把美元兑换成韩币。

   Wǒ yào bǎ měiyuán duìhuànchéng hánbì.

   달러를 원화로 바꾸고 싶습니다.

2. 您想兑换多少?

   Nín xiǎng duìhuàn duōshǎo?

   얼마나 바꾸시겠습니까?

3. 今天美元对韩币的汇率是多少?

   Jīntiān měiyuán duì hánbì de huìlǜ shì duōshǎo?

   오늘의 원화 대비 달러 환율은 얼마나 됩니까?

4. 今天的汇率是1美元兑换1158韩币。

   Jīntiān de huìlǜ shì yì měiyuán duìhuàn yì qiān yì bǎi wǔ shí bā hánbì.

   오늘의 원화 환율은 달러당 1,158원입니다.

5. 请您在这张兑换单上签字。

   Qǐng nín zài zhè zhāng duìhuàndān shang qiānzì.

   이 외환 거래장에 서명해 주십시오.

5-2 상황별 대화 1

情景对话1

☑ 在酒店换钱 (Zài jiǔdiàn huànqián) 호텔에서 환전을 하다.

服务员：　您好！我能为您效劳吗?

Nín hǎo! Wǒ néng wèi nín xiàoláo ma?

李伟：　您好，我要把美元兑换成韩币。

Nín hǎo, wǒ yào bǎ měiyuán duìhuànchéng hánbì.

服务员：　好的，您想换多少?

Hǎo de, nín xiǎng huàn duōshǎo?

李伟：　换300美元。

Huàn sān bǎi měiyuán.

这时候用中文怎么说? 이럴 때는 중국어로 어떻게 말할까요?

동사 + 成

~이(가)되다
~(으)로 변하다

成은 결과보어가 되어 어떤 동작을 통해 다른 모습이나 형태로 바뀌었음을 나타낸다. '동사 + 成'은 ~이(가)되다', '~이(가) ~(으)로 변하다'는 의미를 나타낸다.

例句

1. 我要把美元兑换成韩币。

   Wǒ yào bǎ měiyuán duìhuànchéng hánbì.

   달러를 원화로 바꾸고 싶습니다.

2. 我能把这张支票换成韩币吗?

   Wǒ néng bǎ zhè hāng zhīpiào huànchéng hánbì ma?

   이 여행자 수표를 원화로 바꿀 수 있습니까?

memo

5-3 상황별 대화 2

情景对话2

☑ 查询汇率 (Cháxún huìlǜ) 환율을 알아 보다.

李伟：　今天美元对韩币的汇率是多少?

Jīntiān měiyuán duì hánbì de huìlǜ shì duōshǎo?

服务员：　今天的汇率是1美元兑换1158韩币，请填写一下申请书和兑换单，也请出示一下您的护照。（李伟填写单子，并把护照给服务员）

Jīntiān de huìlǜ shì yì měiyuán duìhuàn yì qiān yì bǎi wǔ shí bā hánbì, qǐng tiánxiě yíxià shēnqǐngshū hé duìhuàndān, yě qǐng chūshì yíxià nín de hùzhào.
(Lǐ wěi tiánxiě dānzi, bìng bǎ hùzhào gěi fúwùyuán)

服务员：　谢谢您的耐心等候，按今天的汇率，300美元换成韩币一共是347, 400元。

Xièxie nín de nàixīn děnghòu, àn jīntiān de huìlǜ, sān bǎi měiyuán huànchéng hánbì yígòng shì sān shí sì wàn qī qiān sì bǎi yuán.

这时候用中文怎么说? 이럴 때는 중국어로 어떻게 말할까요?

按

~에 따라

'按 + 명사'는 '(어떤 기준)에 따라서'라는 의미를 나타낸다.

例句

1. 按今天的汇率一共是三十四万。

   Àn jīntiān de huìlǜ yígòng shì sān shí sì wàn.

   오늘의 환율에 따라 총 34만원입니다.

2. 按酒店的规定，房间里是禁烟的。

   Àn jiǔdiàn de guīdìng, fángjiān li shì jìnyān de.

   호텔 규정에 따라 전 객실 내 금연입니다.

memo

5-4 상황별 대화 3

情景对话3

☑ 支票换现金 (Zhīpiào huàn xiànjīn) 수표를 현금으로 바꾸다.

李伟： 我能把这张200美元的支票兑换成韩币吗?

Wǒ néng bǎ zhè zhāng liǎng bǎi měiyuán de zhīpiào duìhuànchéng hánbì ma?

服务员： 当然可以，今天的汇率是1：1100。

Dāngrán kěyǐ, jīntiān de huìlǜ shì yì bǐ yì qiān yì bǎi.

李伟： 这是我的支票，请给我3张五万的，其余的7张请给我一万的。

Zhè shì wǒ de zhīpiào, qǐng gěi wǒ sān zhāng wǔ wàn de, qíyú de qī zhāng qǐng gěi wǒ yí wàn de.

服务员： 请您在这张兑换单上签字。

…

请核对一下金额，把兑换单收好，您离开韩国时可以兑换剩下的钱。

Qǐng nín zài zhè zhāng duìhuàndān shang qiānzì.

…

Qǐng héduì yíxià jīn'é, bǎ duìhuàndān shōuhǎo, nín líkāi Hánguó shí kěyǐ duìhuàn shèngxià de qián.

这时候用中文怎么说? 이럴 때는 중국어로 어떻게 말할까요?

동사 + 好

~을 잘 마무리하다

'동사 + 好'에서 '好'는 결과보어가 되어 어떤 동작을 통해 바라던 결과를 얻어 만족한 상태가 됨을 나타낸다.

例句

1. 请把兑换单收好。

   Qǐng bǎ duìhuàndān shōuhǎo.

   외환 거래장을 잘 보관하십시오.

2. 请稍等，我马上把桌子整理好。

   Qǐng shāo děng, wǒ mǎshàng bǎ zhuōzi zhěnglǐhǎo.

   잠시만 기다려 주시면, 제가 바로 테이블을 정리하겠습니다.

memo

5-5 표현 업그레이드
进阶表达

☑ 是非题 O, X 문제

음원을 듣고 해당되는 답을 체크해보세요.

	O	X
1. 客人想兑换300美元。 손님은 300달러를 환전하고 싶어 한다.	(　　)	(　　)
2. 今天的汇率是1美金兑换1100韩币。 오늘의 원화 환율은 달러당 1,100원이다.	(　　)	(　　)
3. 客人想把支票换成韩币。 손님은 여행자 수표를 원화로 환전하고 싶어 한다.	(　　)	(　　)
4. 客人想要7张五万元，3张一万元。 손님은 5만 원짜리 지폐 7장과 1만 원짜리 지폐 3장을 원한다.	(　　)	(　　)

☑ 连连看 연결하기

1. 我能把这张200美元的支票兑换成韩币吗? •
2. 今天美元对韩币的汇率是多少? •
3. 您想换多少? •
4. 我能为您效劳吗? •

• a. 1美元兑换1158韩币。
• b. 我要把美元兑换成韩币。
• c. 当然可以。
• d. 换300美元。

☑ 酒店相关句型 표현 PLUS

1. 请问哪儿可以换钱?

Qǐng wèn nǎr kěyǐ huànqián?
어디에서 환전할 수 있습니까?

2. 您要换哪种货币?

Nín yào huàn nǎ zhǒng huòbì?
어떤 화폐로 환전해드릴까요?

3. 换钱要手续费吗?

Huànqián yào shǒuxùfèi ma?
환전 시 수수료를 지불해야 하나요?

4. 这600美元怎么给您换?

Zhè liù bǎi měiyuán zěnme gěi nín huàn?
이 600달러를 어떻게 환전해드릴까요?

5. 我想把纸币换成硬币。

Wǒ xiǎng bǎ zhǐbì huànchéng yìngbì.

지폐를 동전으로 바꾸고 싶습니다.

6. 您想要什么面值的韩币?

Nín xiǎngyào shénme miànzhí de hánbì?

얼마짜리 한국 돈을 바꾸시겠습니까?

7. 请您在支票的右下角签名。

Qǐng nín zài zhīpiào de yòu xià jiǎo qiānmíng.

수표의 우측 하단에 서명해주시기 바랍니다.

8. 旅行支票要付购买总金额1%的手续费。

Lǚxíng zhīpiào yào fù gòumǎi zǒng jīn'é bǎi fēn zhī yī de shǒuxùfèi.

여행자 수표는 총 구매 금액의 1%를 수수료로 지불해야 합니다.

9. 请填写结汇业务申请书及兑换单。

Qǐng tiánxiě jiéhuì yèwù shēnqǐngshū jí duìhuàn dān.

외환 결제업무 신청서 및 외환 거래장을 작성해주십시오.

☑ 酒店相关词汇 단어 PLUS

汇率	huìlǜ	명 환율
填写	tiánxiě	동 기입하다
申请书	shēnqǐngshū	명 신청서
兑换单	duìhuàndān	명 외환 거래장
出示	chūshì	동 제시하다
护照	hùzhào	명 여권
耐心	nàixīn	형 참을성이 있다
等候	děnghòu	동 기다리다

☑ 任务 미션

你是酒店服务员，现在有中国游客要换钱，想一想你们会怎么对话。

당신은 호텔의 직원입니다. 환전을 원하는 중국인 여행객이 있습니다. 이럴 때 여러분은 어떻게 대화를 이어나갈지 생각해 보세요.

外汇牌价 (2015.11.27基准)

환율 고시 (2015.11.27기준)

货币名称 통화	现钞买入价 현금매입가	现钞卖出价 현금매도가
美元 달러	1155.60	1220.30
人民币 위안	180.91	196.70
新台币 타이완달러	35.48	37.12
欧元 유로	1223.32	1293.82

*현금매출가 现钞卖出价 xiànchāo màichūjià

06과

客房服务

Kèfáng fúwù

객실 서비스

6-1 단어와 핵심 문형

生词和关键句

☑ 이번 과에서 학습할 내용은?

1. 객실 내에서 이용 가능한 서비스 안내 내용을 학습한다.

2. 객실 내의 금지사항을 안내하는 표현을 학습한다.

3. 객실 청소 서비스와 관련된 표현을 학습한다.

4. 모닝 콜 서비스 제공과 관련된 표현을 학습한다.

5. 인터넷 서비스와 관련된 표현을 학습한다.

☑ 新生词 단어

敲门	qiāomén	동 노크하다
打扰	dărăo	동 폐를 끼치다
打扫	dăsăo	동 청소하다
上网	shàngwăng	동 인터넷을 하다
免费	miănfèi	형 무료로 하다
无线	wúxiàn	형 무선의
密码	mìmă	명 비밀번호
用户名	yònghùmíng	명 사용자 이름
叫醒	jiàoxǐng	동 깨우다
选择	xuănzé	동 선택하다

关键句 핵심 문형

1. 请问可以进去打扫房间吗?

Qǐng wèn kěyǐ jìnqù dǎsǎo fángjiān ma?

실례지만, 들어가서 청소를 해도 되겠습니까?

2. 请把“请勿打扰”的牌子挂在门上。

Qǐng bǎ “qǐng wù dǎrǎo” de páizi guàzài mén shang.

“깨우지 마시오”라는 팻말을 문 앞에 걸어 놓으시길 바랍니다.

3. 请问房间里可以上网吗?

Qǐng wèn fángjiān li kěyǐ shàngwǎng ma?

객실 내 인터넷 사용이 가능합니까?

4. 我们免费提供无线上网服务。

Wǒmen miǎnfèi tígōng wúxiàn shàngwǎng fúwù.

저희는 무선 인터넷 서비스를 무료로 제공하고 있습니다.

5. 请问酒店提供叫醒服务吗?

Qǐng wèn jiǔdiàn tígōng jiàoxǐng fúwù ma?

호텔에서 모닝콜 서비스를 제공하고 있습니까?

6-2 상황별 대화 1

情景对话1

☑ 敲门声 (Qiāomén shēng) 문 두드리는 소리

服务员：对不起，打扰您了，我是客房服务员，请问可以进去打扫房间吗？

Duìbuqǐ, dǎrǎo nín le, wǒ shì kèfáng fúwùyuán, qǐng wèn kěyǐ jìnqù dǎsǎo fángjiān ma?

李伟：我现在有点事情，请等一会儿再来好吗？

Wǒ xiànzài yǒu diǎn shìqing, qǐng děng yìhuǐr zài lái hǎo ma?

服务员：好的，请把“请勿打扰”的牌子挂在门上。

Hǎo de, qǐng bǎ “qǐng wù dǎrǎo” de páizi guàzài mén shang.

李伟：好的，谢谢！

Hǎo de, xièxie!

这时候用中文怎么说? 이럴 때는 중국어로 어떻게 말할까요?

请勿

~하지 마시오

'请勿 + 동작'은 어떤 장소나 상황에서 어떤 행동이나 행위를 금지하는 표현으로 '~을 하지 마십시오'라는 의미이다.

例句

1. 请勿打扰。

   Qǐng wù dǎrǎo.

   깨우지 마시오.

2. 请勿吸烟。

   Qǐng wù xīyān.

   흡연하지 마시오.

memo

6-3 상황별 대화 2

情景对话2

☑ 在房间里上网 (Zài fángjiān li shàngwǎng) 객실에서 인터넷을 하다.

李伟： 请问房间里可以上网吗?
Qǐng wèn fángjiān li kěyǐ shàngwǎng ma?

服务员： 可以，我们免费提供无线上网服务。
Kěyǐ, wǒmen miǎnfèi tígōng wúxiàn shàngwǎng fúwù.

李伟： 需要密码吗?
Xūyào mìmǎ ma?

服务员： 用户名和密码是您的房间号。
Yònghùmíng hé mìmǎ shì nín de fángjiān hào.

这时候用中文怎么说? 이럴 때는 중국어로 어떻게 말할까요?

提供~服务

~서비스를 제공하다

'提供 + ~服务'는 '~관한 서비스를 제공하다'는 의미다.

例句

1. 酒店提供洗衣服务。

   Jiǔdiàn tígōng xǐyī fúwù.

   호텔에서는 세탁 서비스를 제공하고 있습니다.

2. 酒店前台提供行李寄存服务。

   Jiǔdiàn qiántái tígōng xíngli jìcún fúwù.

   호텔 프런트 데스크에서는 짐 보관 서비스를 제공하고 있습니다.

memo

6-4 상황별 대화 3

情景对话3

☑ 拨打电话 (Bōdǎ diànhuà) 전화를 건다

话务员： 您好，我能为您效劳吗?

Nín hǎo, wǒ néng wèi nín xiàoláo ma?

李伟： 请问酒店提供叫醒服务吗?

Qǐng wèn jiǔdiàn tígōng jiàoxǐng fúwù ma?

话务员： 我们有电话叫醒和敲门叫醒，您要选择哪一种?

Wǒmen yǒu diànhuà jiàoxǐng hé qiāomén jiàoxǐng, nín yào xuǎnzé nǎ yì zhǒng?

李伟： 那么请您明天早上6点用电话叫醒我。

Nàme qǐng nín míngtiān zǎoshang liù diǎn yòng diànhuà jiàoxǐng wǒ.

这时候用中文怎么说? 이럴 때는 중국어로 어떻게 말할까요?

用

~로써

'用'은 동사가 연이어 사용되는 연동문의 앞부분에 사용된다. '用 + 명사'는 뒤에 오는 동작에 필요한 도구나 방식, 수단 등을 나타낸다.

例句

1. 请您明天早上6点用电话叫醒我。

   Qǐng nín míngtiān zǎoshang liù diǎn yòng diànhuà jiàoxǐng wǒ.

   내일 오전 6시에 모닝콜을 부탁합니다.

2. 您可以用刀叉或筷子用餐。

   Nín kěyǐ yòng dāochā huò kuàizi yòngcān.

   포크와 나이프 혹은 젓가락을 사용하여 식사하시면 됩니다.

memo

6-5 표현 업그레이드

进阶表达

是非题 O, X 문제

음원을 듣고 해당되는 답을 체크해보세요.

	O	X
1. 客房服务员现在不能打扫房间。 객실 서비스 직원은 지금 청소를 할 수 없다.	(　　)	(　　)
2. 酒店提供免费上网服务。 호텔에서는 무선 인터넷 서비스를 무료로 제공하고 있다.	(　　)	(　　)
3. 上网不需要密码。 인터넷을 하려면 비밀번호가 필요하다.	(　　)	(　　)
4. 客人需要叫醒服务。 손님은 모닝콜 서비스가 필요하다.	(　　)	(　　)

☑ 连连看 연결하기

1. 请问酒店提供叫醒服务吗? •	• a. 用户名和密码是您的房间号。
2. 上网需要密码吗? •	• b. 我们有电话叫醒和敲门叫醒，您要选择哪一种?
3. 请问房间里可以上网吗? •	• c. 请等一会儿再来好吗?
4. 请问可以进去打扫房间吗? •	• d. 可以，我们免费提供无线上网服务。

☑ 酒店相关句型 표현 PLUS

• **客房服务用语** (Kèfáng fúwù yòngyǔ) **룸 서비스 용어**

1. 客房服务，我可以进来吗?

Kèfáng fúwù, wǒ kěyǐ jìnlái ma?

룸메이드(room maid)입니다, 들어가도 될까요?

2. 请问现在方便为您清理房间吗?

Qǐng wèn xiànzài fāngbiàn wèi nín qīnglǐ fángjiān ma?

객실 정리를 도와드리려 하는데, 지금 괜찮으신가요?

3. 请问什么时候方便为您整理房间?

Qǐng wèn shénme shíhou fāngbiàn wèi nín zhěnglǐ fángjiān?

객실 정리를 도와드리려 하는데, 언제가 편하시겠습니까?

4. 请问什么时候方便为您铺床?

Qǐng wèn shénme shíhou fāngbiàn wèi nín pūchuáng?

침대 시트를 바꿔드리려 하는데, 언제가 편하시겠습니까?

5. 请帮我换新的床单和枕套。

Qǐng bāng wǒ huàn xīn de chuángdān hé zhěntào.

침대 시트와 베갯잇을 바꿔주시기 바랍니다.

6. 请帮我换新的浴巾。

Qǐng bāng wǒ huàn xīn de yùjīn.

샤워 타월을 바꿔주시기 바랍니다.

7. 只要在门上挂上“请勿打扰”的牌子，
我看见就不会再敲门了。

Zhǐyào zài mén shang guàshàng “qǐng wù dǎ rǎo” de páizi,
wǒ kànjiàn jiù bú huì zài qiāomén le.

“깨우지 마시오”라는 팻말을 문 앞에 걸어두시면,
저희가 확인하고 노크하지 않겠습니다.

8. 您要我们几点叫醒您呢?

Nín yào wǒmen jǐ diǎn jiàoxǐng nín ne?

몇 시에 깨워드리면 되겠습니까?

9. 我们明天早上6点会叫醒您的。

Wǒmen míngtiān zǎoshang liù diǎn huì jiàoxǐng nín de.

저희가 내일 오전 6시경에 깨워드리도록 하겠습니다.

☑ 任务 미션

你是酒店服务员，现在有中国游客需要客房服务，想一想你们会怎么对话。

당신은 호텔 직원입니다. 지금 객실룸 서비스를 원하는 중국인 여행객이 있습니다. 이럴 때 여러분은 어떻게 대화를 이어나갈지 생각해 보세요.

游客 관광객	房号 객실번호	客房服务内容 객실룸 서비스	希望时间 요청한 시간
赵先生 미스터조	207	打扫客房 객실 청소 서비스	早上11点 오전 11시
王先生 미스터왕	1126	叫醒服务 모닝콜 서비스	后天早上5点 모레 오전 5시
黄小姐 미스황	908	上网服务 인터넷 서비스	现在 현재

07과

洗衣服务
Xǐyī fúwù

세탁 서비스

7-1 단어와 핵심 문형

生词和关键句

이번 과에서 학습할 내용은?

1. 세탁 서비스를 안내하는 표현을 학습한다.

2. 세탁 서비스의 종류 내용을 학습한다.

3. 세탁 서비스의 이용 요금 지불 방식을 안내하는 표현을 학습한다.

4. 세탁 서비스 신청 방법을 안내하는 표현을 학습한다.

5. 세탁 서비스와 관련된 용어를 보충 학습한다.

新生词 단어

洗衣服务	xǐyī fúwù	명 세탁 서비스
一般	yìbān	형 일반적이다
干洗	gānxǐ	동 드라이클리닝하다
衬衫	chènshān	명 와이셔츠, 블라우스
加急	jiājí	형 긴급의
送洗	sòngxǐ	동 세탁물을 맡기다
检查	jiǎnchá	동 검사하다
收费标准表	shōufèi biāozhǔnbiǎo	명 요금표
梳妆台	shūzhuāngtái	명 화장대
退房	tuìfáng	동 체크아웃하다

关键句 핵심 문형

1. 请问您有衣服要洗吗?

Qǐng wèn nín yǒu yīfu yào xǐ ma?

실례지만 세탁해야 할 옷이 있습니까?

2. 我想知道洗衣服务的时间。

Wǒ xiǎng zhīdao xǐyī fúwù de shíjiān.

세탁 서비스가 가능한 시간을 알고 싶습니다.

3. 多久可以取回衣服?

Duō jiǔ kěyǐ qǔhuí yīfu?

언제 옷을 찾을 수 있을까요?

4. 我们提供加急洗衣服务。

Wǒmen tígōng jiājí xǐyī fúwù.

저희는 특급 세탁서비스를 제공하고 있습니다.

5. 这是您昨天送洗的衣服，请您检查一下。

Zhè shì nín zuótiān sòngxǐ de yīfu, qǐng nín jiǎnchá yíxià.

이것이 어제 손님께서 맡기신 옷입니다. 확인해보시기 바랍니다.

7-2 상황별 대화 1

情景对话1

☑ 敲门声 (Qiāomén shēng) 문 두드리는 소리

服务员： 打扰您了，请问您有衣服要洗吗?

Dărăo nín le, qĭng wèn nín yŏu yīfu yào xĭ ma?

李伟： 现在没有，但我想知道洗衣服务的时间。

Xiànzài méi yŏu, dàn wŏ xiăng zhīdao xĭyī fúwù de shíjiān.

服务员： 洗衣服务时间一般到晚上九点。

Xĭyī fúwù shíjiān yìbān dào wănshang jiŭ diăn.

李伟： 好的，谢谢!

Hăo de, xièxie!

这时候用中文怎么说? 이럴 때는 중국어로 어떻게 말할까요?

到 + 시간

~에, ~까지

'到 + 시간'은 '~(한) 시점까지', '~시까지'라는 의미로 어떤 동작이나 행위가 종결되는 시점을 나타낸다.

例句

1. 洗衣服务时间一般到晚上九点。

   Xǐyī fúwù shíjiān yìbān dào wǎnshang jiǔ diǎn.

   일반적으로 세탁서비스는 저녁 9시까지 가능합니다.

2. 餐厅到十点才关门。

   Cāntīng dào shí diǎn cái guānmén.

   식당은 10시에 문을 닫습니다.

memo

7-3 상황별 대화 2

情景对话2

在洗衣房 (Zài xǐyī fáng) 세탁소에서

李伟：我想干洗这件衬衫，大概多久可以取回衣服？

Wǒ xiǎng gānxǐ zhè jiàn chènshān, dàgài duō jiǔ kěyǐ qǔhuí yīfu?

服务员：干洗一般要一天的时间。

Gānxǐ yìbān yào yì tiān de shíjiān.

李伟：不行，我今天晚上得穿。

Bù xíng, wǒ jīntiān wǎnshang děi chuān.

服务员：没问题，我们提供加急洗衣服务。

Méi wèntí, wǒmen tígōng jiājí xǐyī fúwù.

这时候用中文怎么说? 이럴 때는 중국어로 어떻게 말할까요?

大概

대략, 대개

大概는 부사로 '대개', '대략' 등의 의미를 나타낸다.

例句

1. 大概多久可以取回衣服?

Dàgài duō jiǔ kěyǐ qǔhuí yīfu?

대략 언제쯤 옷을 찾을 수 있을까요?

2. 从酒店走到市区大概十分钟。

Cóng jiǔdiàn zǒudào shìqū dàgài shí fēnzhōng.

호텔에서 시내까지 걸어서 대략 10분 정도 걸립니다.

memo

7-4 상황별 대화 3

情景对话3

☑ 收费方法 (Shōufèi fāngfǎ) 지불 방식

服务员： 您好，这是您昨天送洗的衣服，请您检查一下。

Nín hǎo, zhè shì nín zuótiān sòngxǐ de yīfu, qǐng nín jiǎnchá yíxià.

李伟： 谢谢，洗得真干净。怎么收费呢?

Xièxiè, xǐ de zhēn gānjìng. Zěnme shōufèi ne?

服务员： 收费标准表在梳妆台上，洗衣费在您退房时付费就可以了。

Shōufèi biāozhǔnbiǎo zài shūzhuāngtái shang, xǐyīfèi zài nín tuìfáng shí fùfèi jiù kěyǐ le.

李伟： 好的，谢谢。

Hǎo de, xièxie!

这时候用中文怎么说? 이럴 때는 중국어로 어떻게 말할까요?

~ 就可以了

~ 하면 된다

'동작 + 就可以了'는 '어떤 필요한 동작이나 조건이 이루어지기만 하면 된다'라는 의미를 나타낸다.

例句

1. 洗衣费在您退房时付费就可以了。
   Xǐyīfèi zài nín tuìfáng shí fùfèi jiù kěyǐ le.
   세탁 비용은 체크아웃 시 지불하시면 됩니다.

2. 如果有任何问题，给总机打电话就可以了。
   Rúguǒ yǒu rènhé wèntí, gěi zǒngjī dǎ diànhuà jiù kěyǐ le.
   만약 문제가 있다면 대표전화로 연락 주십시오.

memo

7-5 표현 업그레이드
进阶表达

☑ 是非题 O, X 문제

음원을 듣고 해당되는 답을 체크해보세요.

	O	X
1. 客人想干洗西装。 손님은 양복을 드라이클리닝하고 싶어 한다.	( )	( )
2. 干洗需要一天。 드라이클리닝은 하루가 소요된다.	( )	( )
3. 酒店提供加急洗衣服务。 호텔에서 특급 세탁서비스를 제공한다.	( )	( )
4. 洗衣服得马上付费。 세탁을 할 때 비용을 즉시 지불해야 한다.	( )	( )

☑ 连连看 연결하기

1. 大概多久可以取回衣服?
2. 我想知道洗衣服务的时间。
3. 怎么收费呢?
4. 请问您有衣服要洗吗?

a. 洗衣服务时间一般到晚上九点。
b. 我想干洗这件衬衫。
c. 干洗一般要一天的时间。
d. 收费标准表在梳妆台上，洗衣费在您退房时付费就可以了。

☑ 酒店相关句型 표현 PLUS

1. 请您填好洗衣单，单子上请填写件数、干洗还是湿洗。

   Qǐng nín tiánhǎo xǐyīdān, dānzi shang qǐng tiánxiě jiàn shù、gānxǐ háishì shīxǐ.

   세탁 신청서를 작성하시면서 세탁물의 수량 및 드라이클리닝 혹은 물세탁 여부를 선택해주시기 바랍니다.

2. 请把要洗的衣服放在洗衣袋里。

   Qǐng bǎ yào xǐ de yīfu fàngzài xǐyīdài li.

   세탁물은 세탁물 봉투에 넣어주시기 바랍니다.

3. 加急服务多收50%的费用。

Jiājí fúwù duō shōu bǎi fēn zhī wǔ shí de fèiyòng.
특급 세탁서비스는 본 요금의 50%에 해당하는 추가 요금을 받습니다.

4. 服务员打扫房间时，会把衣服收出来的。

Fúwùyuán dǎsǎo fángjiān shí, huì bǎ yīfu shōu chūlái de.
직원이 객실을 청소할 때 세탁물을 수거합니다.

☑ 酒店相关词汇 단어 PLUS

• **洗衣服务用语** (Xǐyī fúwù yòngyǔ) **세탁 서비스 관련 용어**

西装	xīzhuāng	양복
背心	bèixīn	조끼
领带	lǐngdài	넥타이
连衣裙	liányīqún	원피스
干洗	gānxǐ	드라이클리닝
湿洗	shīxǐ	물세탁
熨烫	yùntàng	(옷을) 다리다
缝补	féngbǔ	(옷을) 꿰매다

☑ 任务 미션

你是酒店服务员，现在有中国游客需要洗衣服务，想一想你们会怎么对话。

당신은 호텔 직원입니다. 세탁 서비스를 원하는 중국인 여행객이 있을 때, 대화를 어떻게 이어나갈지 고민해 보세요.

客人 손님	送洗衣服 맡긴 세탁물	时间 세탁물 찾는 시간
金先生 미스터김	裤子，缝补 바지, 수선	今天晚上7点 오늘 저녁 7시
李小姐 미쓰리	裙子，干洗 치마, 드라이클리닝	明天晚上9点 내일 저녁 9시
黄先生 미스터황	西装，熨烫 양복, 다림질	明天上午10点 내일 오전 10시

08과

医疗服务

Yīliáo fúwù

의료 서비스

8-1 단어와 핵심 문형
生词和关键句

☑ 이번 과에서 학습할 내용은?

1. 병이 난 투숙객을 응대하는 데 필요한 표현을 학습한다.

2. 투숙객에 대한 의료 서비스를 안내하는 표현을 학습한다.

3. 병이 난 투숙객을 간호하는 데 필요한 표현을 학습한다.

4. 병원과 관련된 용어를 보충 학습한다.

5. 감기 증상과 관련된 용어를 보충 학습한다.

☑ 新生词 단어

舒服	shūfu	형 편안하다
厉害	lìhai	형 심각하다
止痛药	zhǐtòngyào	명 진통제
休息	xiūxi	동 휴식을 취하다
哪里哪里	nǎli nǎli	천만에요
随时	suíshí	부 언제든지
也许	yěxǔ	부 아마도
水土不服	shuǐtǔ bùfú	기후와 풍토가 맞지 않다

关键句 핵심 문형

1. 您觉得什么地方不舒服?

Nín juéde shénme dìfang bù shūfu?

손님 어디가 불편하십니까?

2. 要我请医生来吗?

Yào wǒ qǐng yīshēng lái ma?

제가 의사를 불러올까요?

3. 请给我一些止痛药?

Qǐng gěi wǒ yìxiē zhǐtòngyào?

저에게 진통제를 좀 가져다 주시겠어요?

4. 如果还有什么需要，请随时告诉我。

Rúguǒ hái yǒu shénme xūyào, qǐng suíshí gàosu wǒ.

만약 무슨 일이 있으시면 언제든지 저를 불러주세요.

5. 今天好点儿了吗?

Jīntiān hǎo diǎnr le ma?

오늘은 좀 좋아지셨나요?

6. 希望您早日康复。

Xīwàng nín zǎorì kāngfù.

빨리 나으시길 바랍니다.

8-2 상황별 대화 1

情景对话1

☑ 客人生病了 (Kèrén shēngbìng le) 손님께서 편찮으시다.

服务员： 李先生，听说您生病了，您觉得什么地方不舒服？

Lǐ xiānsheng, tīngshuō nín shēngbìng le, nín juéde shénme dìfang bù shūfu?

李伟： 我头疼得很厉害。

Wǒ tóu téng de hěn lìhai.

服务员： 要我请医生来吗？

Yào wǒ qǐng yīshēng lái ma?

李伟： 不用，谢谢。请给我一些止痛药，我休息一下就好了。

Bú yòng, xièxie. Qǐng gěi wǒ yìxiē zhǐtòngyào, wǒ xiūxi yíxià jiù hǎo le.

这时候用中文怎么说? 이럴 때는 중국어로 어떻게 말할까요?

听说

들은 바에 의하면 (~라고 한다)

'听说~'라는 표현은 본인이 직접 보거나 들은 바가 없이 다른 사람의 말을 듣고 어떤 사실 등을 알게 되었을 때 사용하는 관용적 표현이다. '(내가)들은 바에 의하면 ~라고 한다'는 의미이다.

例句

1. 听说您生病了。

   Tīngshuō nín shēngbìng le.

   몸이 편찮으시다고 들었습니다.

2. 听说酒店附近有很多有名的饭馆。

   Tīngshuō jiǔdiàn fùjìn yǒu hěn duō yǒumíng de fànguǎn.

   호텔 근처에 유명한 식당이 많다고 들었습니다.

memo

8-3 상황별 대화 2

情景对话2

☑ **给客人送药 (Gěi kèrén sòngyào) 손님께 약을 전달하다.**

服务员： 我把药拿来了，请吃药，多喝水好好儿休息。

Wǒ bǎ yào nálái le, qǐng chī yào, duō hē shuǐ hǎohāor xiūxi.

李伟： 谢谢你。

Xièxie nǐ.

服务员： 哪里哪里，应该的。如果还有什么需要，请随时告诉我。

Nǎli nǎli, yīnggāi de. Rúguǒ hái yǒu shénme xūyào, qǐng suíshí gàosu wǒ.

李伟： 好的。

Hǎo de.

这时候用中文怎么说? 이럴 때는 중국어로 어떻게 말할까요?

好好儿~

잘, 제대로

'好好儿 + 동사'는 '주의 깊게 (잘) 어떤 동작을 하다'는 의미를 나타낸다.

例句

1. 请吃药，多喝水好好儿休息。

   Qǐng chī yào, duō hē shuǐ hǎohāor xiūxi.

   약을 드시고 물을 많이 마시면서 편히 쉬십시오.

2. 请好好儿享用这里的美食。

   Qǐng hǎohāor xiǎngyòng zhèli de měishí.

   이 곳의 맛있는 음식을 즐기시기 바랍니다.

memo

8-4 상황별 대화 3

情景对话3

☑ 早日康复 (Zǎorì kāngfù) 하루 빨리 쾌차하시기 바랍니다.

服务员：　先生，早上好，今天好点儿了吗?

Xiānsheng, zǎoshang hǎo, jīntiān hǎo diǎnr le ma?

李伟：　头不疼，好多了，但是肚子还是有点儿不舒服。

Tóu bù téng, hǎo duō le, dànshì dùzi háishì yǒu diǎnr bù shūfu.

服务员：　也许是水土不服吧，希望您早日康复。

Yěxǔ shì shuǐtǔ bùfú ba, xīwàng nín zǎorì kāngfù.

李伟：　谢谢。

Xièxie.

这时候用中文怎么说? 이럴 때는 중국어로 어떻게 말할까요?

有点儿~

조금, 약간, 다소

'有点儿'은 부사로 '조금', '약간'의 뜻을 나타낸다. 주로 동작 주체의 뜻대로 되지 않거나 소극적이거나 좋지 않은 의미를 표현하다.

例句

1. 我肚子有点儿不舒服。

Wǒ dùzi yǒu diǎnr bù shūfu.

배가 좀 불편합니다.

2. 这家酒店的位置有点儿偏僻。

Zhè jiā jiǔdiàn de wèizhì yǒu diǎnr piānpì.

저희 호텔이 다소 외진 곳에 있습니다.

memo

8-5 표현 업그레이드

进阶表达

☑ 是非题 O, X 문제

음원을 듣고 해당되는 답을 체크해보세요.

	O	X
1. 服务员生病了。 직원은 몸이 불편하다.	(　　)	(　　)
2. 客人肚子不舒服。 손님은 배가 불편하다.	(　　)	(　　)
3. 服务员给客人止痛药。 직원은 손님께 진통제를 주었다.	(　　)	(　　)
4. 客人应该多喝水好好儿休息。 손님은 물을 많이 마시고 편히 쉬어야 한다.	(　　)	(　　)

☑ 连连看 연결하기

1. 要我请医生来吗?	•	• a. 我头疼得很厉害。
2. 您觉得什么地方不舒服?	•	• b. 好多了。
3. 希望您早日康复。	•	• c. 谢谢。
4. 今天好点儿了吗?	•	• d. 不用，请给我一些止痛药，我休息一下就好了。

☑ 酒店相关句型 표현 PLUS

1. 您哪儿不舒服?

Nín nǎr bù shūfu?

손님 어디가 불편하십니까?

2. 肩膀有点儿疼。

Jiānbǎng yǒu diǎnr téng.

어깨가 조금 아프네요.

3. 我好像感冒了。

Wǒ hǎoxiàng gǎnmào le.

제가 감기에 걸린 것 같습니다.

4. 听说您不舒服，好点儿了吗?

Tīngshuō nín bù shūfu, hǎo diǎnr le ma?

몸이 불편하시다고 들었습니다. 좀 괜찮아지셨나요?

5. 谢谢你的关心，我现在好多了。

Xièxie nǐ de guānxīn, wǒ xiànzài hǎo duō le.

신경 써줘서 고마워요. 지금은 많이 좋아졌습니다.

6. 感冒药一天吃三次，每次一片。

Gǎnmào yào yì tiān chī sān cì, měi cì yí piàn.

감기약은 1일 3회, 1회 1정씩 복용하시면 됩니다.

☑ 酒店相关词汇 단어 PLUS

• 医院用语 (Yīyuàn yòngyǔ) **병원 용어**

急救站	jíjiùzhàn	명 응급센터
内科	nèikē	명 내과
外科	wàikē	명 외과
牙科	yákē	명 치과
皮肤科	pífūkē	명 피부과
妇产科	fùchǎnkē	명 산부인과
眼科	yǎnkē	명 안과
骨科	gǔkē	명 정형외과
耳鼻喉科	ěrbíhóukē	명 이비인후과
挂号处	guàhàochù	명 접수처
门诊部	ménzhěnbù	명 외래 환자 진료부

住院部	zhùyuànbù	명 입원 접수처
护理部	hùlǐbù	명 간호부
急诊室	jízhěnshì	명 응급실
手术室	shǒushùshì	명 수술실
药房	yàofáng	명 약국
病房	bìngfáng	명 병실
护士	hùshi	명 간호사

• **感冒症状** (Gănmào zhèngzhuàng) **감기 증상 용어**

发烧	fāshāo	동 열이 나다
咳嗽	késou	동 기침하다
流鼻涕	liúbítì	동 콧물이 나다
鼻塞	bísè	동 코가 막히다
打喷嚏	dǎ pēntì	동 재채기를 하다
乏力	fálì	동 기력이 없다
恶心	ěxīn	동 속이 메스껍다
全身发冷	quánshēn fālěng	동 오한이 들다
恶寒发热	èhán fārè	동 열이 나고 몸이 으슬으슬 춥다
呕吐	ǒutù	동 구토하다

☑ 任务 미션

你是酒店服务员，你要给生病的客人提供服务，想一想你们会怎么对话。

당신은 호텔 직원입니다. 손님에게 의료 서비스를 제공할 때, 여러분은 어떻게 대화를 이어나갈지 생각해 보세요.

客人 손님	感冒症状 감기 증상	客人的需要 손님의 요청
金先生 **미스터김**	发烧，咳嗽 발열 및기침	看医生 진료 요청
李小姐 **미스리**	乏力，呕吐 무기력 및 구토	吃止痛药 진통제 복용

09과

在咖啡厅
Zài kāféitīng

카페에서

9-1 단어와 핵심 문형

生词和关键句

이번 과에서 학습할 내용은?

1. 카페에서 제공하는 서비스와 관련된 표현을 학습한다.

2. 손님의 좌석 예약 가능 여부를 확인하고 예약을 돕는 표현을 학습한다.

3. 카페에서 좌석을 확인하고 손님을 자리로 안내하는 표현을 학습한다.

4. 음료의 주문을 돕고 서빙할 때 사용하는 표현을 학습한다.

5. 음료의 명칭을 보충 학습한다.

☑ 新生词 단어

咖啡厅	kāfēitīng	명 카페
订位	dìngwèi	동 예약하다
桌位	zhuōwèi	명 자리
窗边	chuāngbiān	명 창가
双人桌	shuāngrén zhuō	명 2인용 테이블
预约	yùyuē	동 예약하다
就坐	jiùzuò	동 착석하다
点餐	diǎncān	동 주문하다
菜单	càidān	명 메뉴판
三明治	sānmíngzhì	명 샌드위치
蛋糕	dàngāo	명 케이크
茶	chá	명 차
果汁	guǒzhī	명 주스
火腿	huǒtuǐ	명 햄(ham)
草莓	cǎoméi	명 딸기
橙汁	chéngzhī	명 오렌지 주스
绿茶	lǜchá	명 녹차

关键句 핵심 문형

1. 我预订了三点的桌位。

   Wǒ yùdìng le sān diǎn de zhuōwèi.

   저는 3시로 예약했습니다.

2. 请问我们可以坐那儿吗?

   Qǐng wèn wǒmen kěyǐ zuò nàr ma?

   우리가 저기에 앉아도 될까요?

3. 对不起，那张桌子已经有人预订了。

   Duìbuqǐ, nà zhāng zhuōzi yǐjīng yǒu rén yùdìng le.

   죄송합니다만, 이 좌석은 이미 예약되어 있습니다.

4. 您想要点什么?

   Nín xiǎng yào diǎn shénme?

   무엇을 주문하시겠습니까?

5. 给我们来一杯橙汁和绿茶。

   Gěi wǒmen lái yì bēi chéngzhī hé lǜchá.

   주스 한 잔과 녹차 한 잔 주세요.

9-2 상황별 대화 1

情景对话1

☑ 在咖啡厅门口 (Zài kāfēitīng ménkǒu) 커피숍 입구에서

李伟： 你好，我已经订位了。

Nǐ hǎo, wǒ yǐjīng dìngwèi le.

服务员： 请问您贵姓?

Qǐng wèn nín guìxìng?

李伟： 我姓李，我预订了三点的桌位。

Wǒ xìng Lǐ, wǒ yùdìng le sān diǎn de zhuōwèi.

服务员： 好的，请跟我来。

Hǎo de, qǐng gēn wǒ lái.

这时候用中文怎么说? 이럴 때는 중국어로 어떻게 말할까요?

已经

이미

부사 '已经'은 '이미', '벌써'의 의미로, 보통 '已经 + 동사 + 了'의 형태로 사용되어 '이미 ~되었다', '벌써 ~했다' 등의 의미를 나타낸다.

例句

1. 我已经订位了。

   Wǒ yǐjīng dìngwèi le.

   저는 이미 예약했습니다.

2. 我已经先付房费了。

   Wǒ yǐjīng xiān fù fángfèi le.

   저는 이미 숙박료를 지불했습니다.

memo

9-3 상황별 대화 2

情景对话2

☑ 在咖啡厅里，李伟看到窗边有一张双人桌
(Zài kāfēitīng li, Lǐ wěi kàndào chuāngbiān yǒu yì zhāng shuāngrén zhuō)
커피숍에서 리웨이가 창가에 2인용 테이블이 있는 걸 보았다.

李伟： 请问我们可以坐那儿吗?

Qǐng wèn wǒmen kěyǐ zuò nàr ma?

服务员： 对不起，那张桌子已经有人预订了，如果明天您想坐在那儿，我可以先帮您预约。

Duìbuqǐ, nà zhāng zhuōzi yǐjīng yǒu rén yùdìng le, rúguǒ míngtiān nín xiǎng zuò zài nàr, wǒ kěyǐ xiān bāng nín yùyuē.

李伟： 好，那就帮我预约明天下午两点吧。

Hǎo, nà jiù bāng wǒ yùyuē míngtiān xiàwǔ liǎng diǎn ba.

服务员： 好的，请往这儿走，今天请先坐这儿。

Hǎo de, qǐng wǎng zhèr zǒu, jīntiān qǐng xiān zuò zhèr.

这时候用中文怎么说? 이럴 때는 중국어로 어떻게 말할까요?

那就~吧

그럼 ~합시다!

'那(么) 就 + 동사 + 吧'는 '그렇다면~(하도록)합시다'의 의미를 표현한다.

例句

1. 那就帮我预约明天下午两点吧。

Nà jiù bāng wǒ yùyuē míngtiān xiàwǔ liǎng diǎn ba.

그럼 내일 오후 2시로 예약해주시기 바랍니다.

2. 如果没有靠窗的位子，那就给我一个比较安静的位子吧。

Rúguǒ méi yǒu kào chuāng de wèizi, nà jiù gěi wǒ yí ge bǐjiào ānjìng de wèizi ba.

만약 창가 자리가 없다면 조용한 자리로 부탁합니다.

memo

9-4 상황별 대화 3

情景对话3

☑ 客人就坐，准备点餐 (Kèrén jiùzuò, zhǔnbèi diǎncān)
손님이 자리에 앉아 주문을 하려고 한다.

服务员： 这是我们的菜单，我们有三明治、蛋糕、咖啡、茶和果汁。两位想要点什么？

Zhè shì wǒmen de càidān, wǒmen yǒu sānmíngzhì、dàngāo、kāfēi、chá hé guǒzhī. Liǎng wèi xiǎng yào diǎn shénme?

李伟： 我们要一份火腿三明治和一块草莓蛋糕。

Wǒmen yào yí fèn huǒtuǐ sānmíngzhì hé yí kuài cǎoméi dàngāo.

服务员： 好的，两位想喝点儿什么？

Hǎo de, liǎng wèi xiǎng hē diǎnr shénme?

李伟： 给我们来一杯橙汁和绿茶。

Gěi wǒmen lái yì bēi chéngzhī hé lǜchá.

这时候用中文怎么说? 이럴 때는 중국어로 어떻게 말할까요?

来~

~ 주세요

来는 '오다'는 의미가 아니라 어떤 상황에서 구체적인 동사를 대신하여 쓰여 '어떤 동작을 하다'는 뜻을 나타낸다.

例句

1. 给我们来一杯橙汁和绿茶。

   Gěi wǒmen lái yì bēi chéngzhī hé lǜchá.

   오렌지 주스 한 잔과 녹차 한 잔 주세요.

2. 请给我来一份双层汉堡套餐。

   Qǐng gěi wǒ lái yí fèn shuāngcéng hànbǎo tàocān.

   더블 버거 세트 하나 주세요.

memo

9-5 표현 업그레이드

进阶表达

是非题 O, X 문제

음원을 듣고 해당되는 답을 체크해보세요.

	O	X
1. 客人没有预订位子。 손님은 자리를 예약하지 않았다.	(　　)	(　　)
2. 客人预订一点的位子。 손님은 1시로 예약했다.	(　　)	(　　)
3. 咖啡厅提供三明治、蛋糕、咖啡、茶和果汁。 카페에는 샌드위치, 케이크, 커피, 차 그리고 주스가 있다.	(　　)	(　　)
4. 客人点了火腿三明治。 손님은 햄샌드위치를 주문했다.	(　　)	(　　)

☑ 连连看 연결하기

1. 你好，我已经订位了。 •	• a. 对不起，那张桌子已经有人预订了。
2. 请问我们可以坐那儿吗? •	• b. 给我们来一杯橙汁和绿茶。
3. 两位想喝点儿什么? •	• c. 请问您贵姓?
4. 如果明天您想坐在那儿，我可以先帮您预约。 •	• d. 那就帮我预约明天下午两点吧。

☑ 酒店相关句型 표현 PLUS

1. 我想预订明天晚上两个人的餐位/桌位。

   Wǒ xiǎng yùdìng míngtiān wǎnshang liǎng ge rén de cānwèi / zhuōwèi.

   내일 저녁 2인용 테이블/좌석을 예약하고 싶습니다.

2. 很抱歉，那个时间已经没有位子了。

   Hěn bàoqiàn, nà ge shíjiān yǐjīng méi yǒu wèizi le.

   죄송합니다만, 그 시간에는 예약이 이미 가득 차있습니다.

3. 好的，我会替您保留一张桌子。

   Hǎo de, wǒ huì tì nín bǎoliú yì zhāng zhuōzi.

   네, 제가 한자리를 남겨두겠습니다.

4. 请问您预订餐位/桌位了吗?

Qǐng wèn nín yùdìng cānwèi /zhuōwèi le ma?

실례지만 미리 예약을 하셨습니까?

5. 您想要坐在什么位置?靠窗可以吗?

Nín xiǎng yào zuòzài shénme wèizhì?Kào chuāng kěyǐ ma?

어떤 좌석을 원하십니까? 창가 쪽이 괜찮으십니까?

6. 请问您几位?

Qǐng wèn nín jǐ wèi?

몇 분이십니까?

7. 您要吸烟区还是非吸烟区?

Nín yào xīyānqū háishì fēixīyānqū?

흡연구역을 원하십니까 아니면 금연구역을 원하십니까?

8. 我想跟您确认一下您的预订。

Wǒ xiǎng gēn nín quèrèn yíxià nín de yùding.

예약 확인을 도와드리겠습니다.

9. 慢走，欢迎下次光临。

Màn zǒu, huānyíng xiàcì guānglín.

안녕히 가십시오, 다음에 또 오십시오.

☑ 酒店相关词汇 단어 PLUS

• **饮料名称** (Yǐnliào míngchēng) **음료명칭**

可乐	kělè	명 콜라
汽水	qìshuǐ	명 사이다
雪碧	xuěbì	명 스프라이트
红茶	hóngchá	명 홍차
啤酒	píjiǔ	명 맥주
冰淇淋	bīngqílín	명 아이스크림
葡萄酒	pútáojiǔ	명 와인

☑ 任务 미션

你是酒店咖啡厅服务员，现在有中国游客要点餐，想一想你们会怎么对话。

당신은 카페 직원입니다. 중국인 여행객이 음식을 주문하려 할 때, 여러분은 어떻게 대화를 이어나갈지 생각해 보세요.

菜单 메뉴판		
饮料 **음료**		
可乐 콜라	一杯 한 잔	₩5,000
雪碧 사이다	一杯 한 잔	₩5,000
红茶 홍차	一杯 한 잔	₩6,000
果汁 주스	一杯 한 잔	₩6,500
酒类 **주류**		
啤酒 맥주	一瓶 한 병	₩7,000
葡萄酒 와인	一瓶 한 병	₩30,000
点心类 **디저트**		
饼干 비스킷	一份 1 인분	₩4,500
三明治 샌드위치	一份 1 인분	₩6,000
蛋糕 케이크	一份 1 인분	₩6,500

10과

在酒店餐厅

Zài jiǔdiàn cāntīng

호텔 레스토랑에서

10-1 단어와 핵심 문형

生词和关键句

HOTEL

☑ 이번 과에서 학습할 내용은?

1. 레스토랑에서 손님을 응대하는 표현을 학습한다.

2. 손님을 자리로 안내하고 음식 주문을 돕는 표현을 학습한다.

3. 음식 조리법과 먹는 방법을 소개한다.

4. 레스토랑과 관련된 표현을 보충 학습한다.

5. 손님의 불만 사항을 이해하고 대처하는 표현을 학습한다.

☑ 新生词 단어

空位	kòngwèi	명 공석
至少	zhìshǎo	부 최소한
等候区	děnghòuqū	명 대기석
招牌菜	zhāopáicài	명 대표 요리
参鸡汤	shēnjītāng	명 삼계탕
糯米	nuòmǐ	명 찹쌀
大蒜	dàsuàn	명 마늘
红枣	hóngzǎo	명 대추
栗子	lìzi	명 밤
人参	rénshēn	명 인삼
炖煮	dùnzhǔ	동 푹 고다, 푹 삶다
尝	cháng	동 맛보다
美味	měiwèi	형 맛있다
滋补	zībǔ	형 보양하다
端	duān	동 받쳐 들다
蘸	zhàn	동 찍다, 묻히다
盐	yán	명 소금
够	gòu	동 충분하다
味道	wèidào	명 맛
慢用	mànyòng	동 천천히 맛있게 드세요

关键句 핵심 문형

1. 请您先到等候区稍坐一下好吗?

Qǐng nín xiān dào děnghòuqū shāo zuò yíxià hǎo ma?

대기석에서 잠시 기다려 주시겠습니까?

2. 请给我靠窗的位子。

Qǐng gěi wǒ kào chuāng de wèizi.

창가 좌석으로 부탁합니다.

3. 你可以给我们介绍一下这道菜吗?

Nǐ kěyǐ gěi wǒmen jièshào yíxià zhè dào cài ma?

이 요리에 대해서 소개해 주실래요?

4. 请问这道菜怎么吃?

Qǐng wèn zhè dào cài zěnme chī?

이 요리는 어떻게 먹나요?

5. 两位请慢用。

Liǎng wèi qǐng mànyòng.

두 분 모두 즐거운 식사시간 되십시오.

10-2 상황별 대화 1 情景对话1

☑ 客人进入餐厅 (Kèrén jìnrù cāntīng) 손님이 식당으로 들어간다.

服务员：很抱歉，现在没有空位了。

Hěn bàoqiàn, xiànzài méi yǒu kòngwèi le.

李伟：大概要等多久呢？

Dàgài yào děng duō jiǔ ne?

服务员：我想至少要20分钟。这是菜单，请您先到等候区稍坐一下好吗？

Wǒ xiǎng zhìshǎo yào èr shí fēnzhōng. Zhè shì càidān, qǐng nín xiān dào děnghòuqū shāo zuò yíxià hǎo ma?

李伟：好，如果可以的话，请给我们靠窗的位子。

Hǎo, rúguǒ kěyǐ de huà, qǐng gěi wǒmen kào chuāng de wèizi.

这时候用中文怎么说? 이럴 때는 중국어로 어떻게 말할까요?

至少

최소한

'至少'는 '최소한'이라는 의미의 부사로 '至少 + 동사 + 수량사'의 형식으로 쓰여 '최소한 ~만큼 ~해야한다'는 의미를 나타낸다.

例句

1. 我想至少要等20分钟。

   Wǒ xiǎng zhìshǎo yào èr shí fēnzhōng.

   최소한 20여 분은 기다려야 합니다.

2. 机场到酒店至少要一个小时。

   Jīchǎng dào jiǔdiàn zhìshǎo yào yí ge xiǎoshí.

   공항에서 호텔에 도착하기까지 최소 한 시간은 소요됩니다.

memo

상황별 대화 2

10-3 情景对话2

☑ **20分钟以后，在餐桌上 (Èr shí fènzhōng yǐhòu，zài cānzhuō shang)**
20분후 식탁에서

李伟： 这是我们第一次到韩国，对韩国菜不太了解，你可以给我们介绍一下吗？

Zhè shì wǒmen dì yī cì dào Hánguó, duì Hánguócài bú tài liǎojiě, nǐ kěyǐ gěi wǒmen jièshào yíxià ma?

服务员： 我们的招牌菜是参鸡汤，鸡里面放点儿糯米、大蒜、红枣、栗子和人参，慢慢儿炖煮而成的。

Wǒmen de zhāopáicài shì shēnjītāng, jī lǐmiàn fàng diǎnr nuòmǐ、dàsuàn、hóngzǎo、lìzi hé rénshēn, mànmānr dùnzhǔ ér chéng de.

李伟： 好的，那我们就尝尝参鸡汤吧。

Hǎo de, nà wǒmen jiù chángchang shēnjītāng ba.

服务员： 参鸡汤既美味又滋补，您一定会喜欢的。

Shēnjītāng jì měiwèi yòu zībǔ, nín yídìng huì xǐhuan de.

这时候用中文怎么说? 이럴 때는 중국어로 어떻게 말할까요?

既~又~

~하고 (또) ~하다

'既~又~'는 '~하고 (또) ~하다'는 의미를 나타낸다.

例句

1. 参鸡汤既美味又滋补。

   Shēnjītāng jì měiwèi yòu zībǔ.

   삼계탕은 맛있고 몸에도 좋다.

2. 请给我推荐既方便又便宜的酒店。

   Qǐng gěi wǒ tuījiàn jì fāngbiàn yòu piányi de jiǔdiàn.

   쾌적하고 비용 또한 저렴한 호텔을 추천해주시기 바랍니다.

memo

10-4 상황별 대화 3

情景对话3

> ☑ **10分钟以后，服务员端来参鸡汤**
> **(Shí fènzhōng yǐhòu, fúwùyuán duān lái shēnjītāng)**
> **10분후 종업원이 삼계탕을 내온다.**

李伟： 请问这道菜怎么吃?

Qǐng wèn zhè dào cài zěnme chī?

服务员： 先吃糯米，然后鸡肉蘸盐吃就可以了。
您还想喝点什么吗?

Xiān chī nuòmǐ, ránhòu jīròu zhàn yán chī jiù kěyǐ le.
Nín hái xiǎng hē diǎn shénme ma?

李伟： 不用了，这些够我们吃的了，味道好极了！
谢谢你的服务。

Bú yòng le, zhè xiē gòu wǒmen chī de le, wèidào hǎojí le!
Xièxie nǐ de fúwù.

服务员： 不客气，两位请慢用。

Bú kèqi, liǎng wèi qǐng mànyòng.

这时候用中文怎么说? 이럴 때는 중국어로 어떻게 말할까요?

~极了

아주, 매우

'형용사 + 极了'는 어떤 정도나 상태가 극단적인 상태에 이른 것을 나타낸다. '아주~하다', '매우~하다', '대단히~하다'로 해석된다.

例句

1. 这道菜味道好**极了**!

   Zhè dào cài wèidào hǎojí le!

   이 요리는 맛이 아주 좋네요!

2. 这家温泉酒店的环境美**极了**!

   Zhè jiā wēnquán jiǔdiàn de huánjìng měijí le!

   이 온천 호텔의 풍경은 정말 아름답네요!

memo

10-5 표현 업그레이드

进阶表达

HOTEL

是非题 O, X 문제

음원을 듣고 해당되는 답을 체크해보세요.

	O	X
1. 客人很了解韩国菜。 손님은 한국 요리에 대하여 잘 알고 있다.	(　　)	(　　)
2. 服务员给客人介绍店里的招牌菜。 직원은 손님에게 레스토랑의 대표 요리를 소개하였다.	(　　)	(　　)
3. 雪浓汤既美味又滋补。 설렁탕은 맛있고 몸에도 좋다.	(　　)	(　　)
4. 客人想试试看参鸡汤。 손님은 삼계탕을 맛보고 싶어 한다.	(　　)	(　　)

☑ 连连看 연결하기

1. 请问这道菜怎么吃?
2. 您还想喝点什么吗?
3. 很抱歉，现在没有空位了。
4. 你可以给我们介绍一下招牌菜吗?

- a. 不用了，谢谢你的服务。
- b. 我们的招牌菜是参鸡汤，既美味又滋补。
- c. 先吃糯米，然后鸡肉蘸盐吃就可以了。
- d. 大概要等多久呢?

☑ 酒店相关句型 표현 PLUS

- **餐厅用语** (Cāntīng yòngyǔ) **레스토랑 용어 표현**

1. 您要点餐吗?

   Nín yào diǎncān ma?

   주문하시겠습니까?

2. 我喜欢吃辣的食物，请问您有什么推荐吗?

   Wǒ xǐhuan chī là de shíwù, qǐng wèn nín yǒu shénme tuījiàn ma?

   저는 매운 음식을 좋아하는데, 추천해주시겠어요?

3. 您的牛排要几成熟?

   Nín de niúpái yào jǐ chéng shú?

   스테이크 굽기는 어느 정도를 원하십니까?

4. 全熟、七成熟、五成熟。

Quán shú、qī chéng shú、wǔ chéng shú.
웰던, 미디움 웰던, 미디움.

5. 可以上菜了吗?

Kěyǐ shàngcài le ma?
음식을 내올까요?

6. 您的饮料要饭前上还是饭后再上?

Nín de yǐnliào yào fànqián shàng háishì fànhòu zài shàng?
음료는 식전에 드릴까요 아니면 식후에 드릴까요?

7. 我们还有一个朋友还没到，请稍后上菜。

Wǒmen hái yǒu yí ge péngyou hái méi dào, qǐng shāohòu shàngcài.
저희 친구 한 명이 아직 도착하지 않아서요, 잠시 후에 주세요.

8. 麻烦帮我收一下盘子。

Máfan bāng wǒ shōu yíxià pánzi.
테이블 좀 정리해주세요.

9. 您要怎么付款?刷卡还是付现?

Nín yào zěnme fùkuǎn?Shuākǎ háishì fùxiàn?
신용카드와 현금 중 어느 것으로 계산하시겠습니까?

10. 希望您用餐愉快。

Xīwàng nín yòngcān yúkuài.
즐거운 식사시간 되시기 바랍니다.

• **抱怨用语 (Bàoyuàn yòngyǔ) 컴플레인 표현**

1. 我已经等了很久了，我的牛排怎么还没上?

Wǒ yǐjīng děng le hěn jiǔ le, wǒ de niúpái zěnme hái méi shàng?

오래 기다렸는데, 왜 스테이크는 아직 나오지 않나요?

2. 对不起，我们今天客人很多，很抱歉让您久等了。

Duìbuqǐ, wǒmen jīntiān kèrén hěn duō, hěn bàoqiàn ràng nín jiǔ děng le.

죄송합니다. 오늘 손님이 많아서요. 오래 기다리게 해드려 죄송합니다.

3. 这啤酒怎么没气儿了?

Zhè píjiǔ zěnme méi qìr le?

이 맥주는 왜 김이 빠져있나요?

4. 我的沙拉里有个东西。

Wǒ de shālā li yǒu ge dōngxi.

샐러드 안에 뭔가 있네요.

5. 对不起，我马上给您换。

Duìbuqǐ, wǒ mǎshàng gěi nín huàn.

죄송합니다. 제가 바로 바꿔드리겠습니다.

☑ 任务 미션

你是酒店餐厅服务员，想一想你会怎么给中国游客介绍韩国菜。

당신은 레스토랑 직원입니다. 중국인 여행객이 한국 음식을 주문하려 할 때, 여러분은 어떻게 대화를 이어나갈지 생각해보세요.

石锅拌饭 **shíguōbànfàn** **돌솥비빔밥**	在滚烫的石锅里，放白米饭、黄豆芽、蔬菜、鸡蛋和肉等佐料， 뜨거운 돌솥에 쌀밥, 콩나물, 채소, 계란, 고기 및 양념을 넣은 요리로 加上适量的辣椒酱搅拌后食用。 적당량의 고추장을 넣고 비빈 후 드시면 됩니다. 多种材料的味道相混合形成独特风味， 다양한 식재료의 맛이 한데 어우러져 특별한 맛이 나며, 锅底的锅巴又香又好吃， 돌솥 바닥의 누룽지는 고소한 맛이 일품입니다. 在大部分的韩国餐厅都能品尝得到这道菜。 한국의 대부분 식당에서 이 요리를 맛볼 수 있습니다.

11과

在酒店纪念品店

Zài jiǔdiàn jìniànpǐn diàn

호텔 기념품관에서

11-1 단어와 핵심 문형

生词和关键句

☑ 이번 과에서 학습할 내용은?

1. 기념품 판매점에서 손님을 응대하는 표현을 학습한다.

2. 손님에게 상품을 소개하고 추천하는 표현을 학습한다.

3. 상품의 판매 조건을 설명하는 표현을 학습한다.

4. 상품을 결제하는 방법을 안내하는 표현을 학습한다.

5. 기타 특산품과 관련된 용어를 보충 학습한다.

☑ 新生词 단어

礼物	lǐwù	명 선물
善于	shànyú	동 ~를(을) 잘하다
挑	tiāo	동 고르다
紫水晶	zǐshuǐjīng	명 자수정
项链	xiàngliàn	명 목걸이
光泽	guāngzé	명 광택
透明度	tòumíngdù	명 투명도
红参	hóngshēn	명 홍삼
红参精	hóngshēnjīng	명 홍삼농축액
原液	yuányè	명 원액
直接	zhíjiē	형 직접적인
苦	kǔ	형 쓰다
付款	fùkuǎn	동 지불하다
紫菜	zǐcài	명 김
辣椒酱	làjiāojiàng	명 고추장
礼盒	lǐhé	명 선물세트
赠送	zèngsòng	동 증정하다
小罐	xiǎoguàn	명 캔, 깡통
泡菜	pàocài	명 김치
包装	bāozhuāng	동 포장하다

关键句 핵심 문형

1. 这条紫水晶项链怎么样?

Zhè tiáo zǐshuǐjīng xiàngliàn zěnmeyàng?

이 자수정 목걸이는 어떠신가요?

2. 麻烦您给我介绍一下。

Máfan nín gěi wǒ jièshào yíxià.

소개 좀 부탁할게요.

3. 请问我可以付美金吗?

Qǐng wèn wǒ kěyǐ fù měijīn ma?

달러로 계산해도 될까요?

4. 现在买两个紫菜礼盒，还赠送小罐辣椒酱。

Xiànzài mǎi liǎng ge zǐcài lǐhé, hái zèngsòng xiǎoguàn làjiāojiàng.

지금 김 세트 2개를 구매하시면, 작은 포장의 고추장을 증정해드립니다.

5. 结账的时候店员会给您包装好的。

Jiézhàng de shíhou diànyuán huì gěi nín bāozhuānghǎo de.

계산하실 때 직원이 포장을 해드릴 겁니다.

11-2 상황별 대화 1

情景对话1

客人进入纪念品店 (Kèrén jìnrù jìniànpǐn diàn)
손님이 기념품 가게로 들어간다.

服务员：　欢迎光临，请问您想要买什么？

Huānyíng guānglín, qǐng wèn nín xiǎngyào mǎi shénme?

李伟：　我想给我的妻子买礼物，但我不善于挑礼物，你能给我介绍一下吗？

Wǒ xiǎng gěi wǒ de qīzi mǎi lǐwù, dàn wǒ bú shànyú tiāo lǐwù, nǐ néng gěi wǒ jièshào yíxià ma?

服务员：　那么这条紫水晶项链怎么样?光泽和透明度都很好，很受客人欢迎。

Nàme zhè tiáo zǐshuǐjīng xiàngliàn zěnme yàng?Guāngzé hé tòumíngdù dōu hěn hǎo, hěn shòu kèrén huānyíng.

李伟：　漂亮极了！ 我就要这个。

Piàoliang jí le! Wǒ jiù yào zhè ge.

这时候用中文怎么说? 이럴 때는 중국어로 어떻게 말할까요?

受~欢迎

~의 환영을 받다

'受 + 동작의 주체 + 欢迎'는 '~의 환영을 받다', '~에게 각광을 받다'는 의미이다.

例句

1. 这条紫水晶项链很受客人欢迎。

   Zhè tiáo zǐshuǐjīng xiàngliàn hěn shòu kèrén huānyíng.

   이 자수정 목걸이는 손님들에게 각광받고 있습니다.

2. 这家位于市中心的酒店很受游客欢迎。

   Zhè jiā wèiyú shìzhōngxīn de jiǔdiàn hěn shòu yóukè huānyíng.

   시(市) 중심가에 위치한 이 호텔은 여행객들에게 각광받고 있습니다.

memo

11-3 상황별 대화 2

情景对话2

☑ 在纪念品店 (Zài jìniànpǐn diàn) 기념품관에서

李伟： 我想买红参，麻烦您给我介绍一下。

Wǒ xiǎng mǎi hóngshēn, máfan nín gěi wǒ jièshào yíxià.

服务员： 好的，我们有红参茶和红参精。红参精是原液，可以直接吃，但是比较苦，如果您怕苦的话，可以买红参茶。

Hǎo de, wǒmen yǒu hóngshēnchá hé hóngshēnjīng. Hóngshēnjīng shì yuányè, kěyǐ zhíjiē chī, dànshì bǐjiào kǔ, rúguǒ nín pà kǔ de huà, kěyǐ mǎi hóngshēnchá.

李伟： 那给我来两盒红参茶。请问我可以付美金吗?

Nà gěi wǒ lái liǎng hé hóngshēnchá. Qǐng wèn wǒ kěyǐ fù měijīn ma?

服务员： 没问题，韩币、美金、人民币和信用卡都可以付款。

Méiwèntí, hánbì、měijīn、rénmínbì hé xìnyòngkǎ dōu kěyǐ fùkuǎn.

这时候用中文怎么说? 이럴 때는 중국어로 어떻게 말할까요?

怕~

~을 두려워하다, 겁을 내다

'怕'는 '(~하기를)겁내다', '두려워하다'는 의미 외에도, '(추위나 더위를)타다'는 의미가 있다.

例句

1. 如果您怕苦的话，可以买红参茶。
   Rúguǒ nín pà kǔ de huà, kěyǐ mǎi hóngshēnchá.
   쓴 것을 잘 못 드신다면, 홍삼차를 구매하는 것도 좋겠네요.

2. 如果您怕冷的话，可以开着暖气睡觉。
   Rúguǒ nín pà lěng de huà, kěyǐ kāizhe nuǎnqì shuìjiào.
   추위를 타신다면, 온풍기를 켜놓고 주무시면 됩니다.

memo

11-4 상황별 대화 3 情景对话3

HOTEL

☑ 在纪念品店 (Zài jìniànpǐn diàn) 기념품관에서

李伟：我想买紫菜和辣椒酱，您能给我介绍一下吗？

Wǒ xiǎng mǎi zǐcài hé làjiāojiàng, nín néng gěi wǒ jièshào yíxià ma?

服务员：您要送人的话，可以买礼盒，现在买两个紫菜礼盒，还赠送小罐辣椒酱。

Nín yào sòngrén de huà, kěyǐ mǎi lǐhé, xiànzài mǎi liǎng ge zǐcài lǐhé, hái zèngsòng xiǎoguàn làjiāojiàng.

李伟：那我就买两个礼盒吧。对了，我还想买点儿泡菜，小包装的就行了。

Nà wǒ jiù mǎi liǎng ge lǐhé ba. Duì le, wǒ hái xiǎng mǎi diǎnr pàocài, xiǎo bāozhuāng de jiù xíng le.

服务员：好的，一共是8万韩币，结账的时候店员会给您包装好的。

Hǎo de, yígòng shì bā wàn hánbì, jiézhàng de shíhou diànyuán huì gěi nín bāozhuānghǎo de.

这时候用中文怎么说? 이럴 때는 중국어로 어떻게 말할까요?

还

~을 두려워하다, 겁을 나다

'还'는 어떤 수량이나 항목이 증가하거나 그와 관련된 범위가 넓어짐을 나타내며 '또', '더', '거기에다가' 등의 의미를 나타낸다.

例句

1. 买两个紫菜礼盒，还赠送小罐辣椒酱。

   Mǎi liǎng ge zǐcài lǐhé, hái zèngsòng xiǎoguàn làjiāojiàng.

   지금 김 세트 2개를 구매하시면, 고추장캔을 증정해드립니다.

2. 提早预订酒店的话，可以打折，还附送接机服务。

   Tízǎo yùdìng jiǔdiàn de huà, kěyǐ dǎzhé, hái fùsòng jiējī fúwù.

   미리 호텔 예약을 하시면, 할인은 물론 공항까지 픽업 서비스를 해드립니다.

memo

11-5 표현 업그레이드
进阶表达

HOTEL

☑ 是非题 O, X 문제

음원을 듣고 해당되는 답을 체크해보세요.

	O	X
1. 客人想买泡菜。 손님은 김치를 사려고 한다.	(　　)	(　　)
2. 红参茶比较苦。 홍삼차는 맛이 쓴 편이다.	(　　)	(　　)
3. 客人最后买了红参茶和紫菜。 손님은 마지막에 홍삼차와 김을 구매했다.	(　　)	(　　)
4. 一共是16万韩币。 모두 16만원이다.	(　　)	(　　)

☑ 连连看 연결하기

1. 欢迎光临， 请问您想要买什么？	a. 没问题，美金、人民币 和信用卡都可以付款。
2. 请问我可以付美金吗？	b. 好的，一共是5万韩币。
3. 红参精比较苦， 如果您怕苦的话， 可以买红参茶。	c. 我想买红参， 麻烦您给我介绍一下。
4. 我要买两个紫菜礼盒 和小包装的泡菜。	d. 那给我来两盒红参茶。

☑ 酒店相关句型 표현 PLUS

1. 泡菜小包装的怎么卖？

   Pàocài xiǎobāozhuāng de zěnme mài?

   김치는 소(小)포장으로 어떻게 판매하나요?

2. 您需要分开包装吗？

   Nín xūyào fènkāi bāozhuāng ma?

   개별 포장해드릴까요?

3. 我想买点儿当地特产，能给我推荐一下吗？

   Wǒ xiǎng mǎi diǎnr dāngdì tèchǎn, néng gěi wǒ tuījiàn yíxià ma?

   지역 특산품을 사려고 하는데, 추천해줄 수 있나요?

4. 这些手工艺品真精致!

Zhè xiē shǒugōngyìpǐn zhēn jīngzhì!

이 수공예품은 정말 훌륭하네요!

5. 你们有没有什么特别的礼物或纪念品?

Nǐmen yǒu méi yǒu shénme tèbié de lǐwù huò jìniànpǐn?

특별한 선물이나 기념품이 있나요?

6. 麻烦帮我用礼盒包装一下。

Máfan bāng wǒ yòng lǐhé bāozhuāng yíxià.

선물 상자에 포장해주시면 감사하겠습니다.

☑ 酒店相关词汇 단어 PLUS

• **韩国纪念品** (Hánguó jìniànpǐn) **한국 기념품**

化妆品	huàzhuāngpǐn	명 화장품
人参	rénshēn	명 인삼
韩式传统大酱	Hánshì chuántǒng dàjiàng	명 재래식 된장
不锈钢餐具	búxiùgāng cānjù	명 스테인리스 식기
韩纸工艺品	Hánzhǐ gōngyìpǐn	명 한지 공예품

☑ 任务 미션

你是酒店服务员，现在有中国游客想要买东西，请给他介绍一下商品，想一想你们会怎么对话。

당신은 호텔 직원입니다. 상품 구매를 원하는 중국인 여행객이 상품에 대한 소개를 부탁했습니다. 이럴 때 여러분은 어떻게 대화를 이어나갈지 생각해 보세요.

商品 상품	类型、价格 유형, 가격	
紫菜 김	单盒 ₩5,000 단품	礼盒 ₩20,000 선물세트
香水 향수	小瓶 ₩25,000 작은병	大瓶 ₩35,000 큰병
手提包 핸드백	白色 ₩450,000 흰색	黑色 ₩400,000 검은색

12과

行前服务
Xíngqián fúwù

체크아웃 전 서비스

12-1 단어와 핵심 문형 生词和关键句

이번 과에서 학습할 내용은?

1. 체크아웃을 하기 전 손님을 응대하는 표현을 학습한다.
2. 체크아웃을 하기 전에 필요한 표현을 학습한다.
3. 체크아웃을 하기 전 손님의 요청사항을 접수하고 해결하는 표현을 학습한다.
4. 룸 서비스를 신청하는 방법을 안내하는 표현을 학습한다.
5. 체크아웃을 하기 전 손님에게 서비스를 제공하는 표현을 학습한다.

☑ 新生词 단어

整理	zhěnglǐ	동 정리하다
剪刀	jiǎndāo	명 가위
透明胶带	tòumíng jiāodài	명 투명테이프
旧报纸	jiùbàozhǐ	명 지난 신문지
顺便	shùnbiàn	부 겸사겸사, ~하는 김에
美式咖啡	měishì kāfēi	명 아메리카노 커피
送	sòng	동 보내다
其他	qítā	대 기타
送餐服务	sòngcān fúwù	명 룸 서비스
账单	zhàngdān	명 계산서, 명세서

关键句 핵심 문형

1. 听说您明天要走了，是吗?

Tīngshuō nín míngtiān yào zǒu le, shì ma?

내일 떠나신다고 들었는데, 맞습니까?

2. 您走之前，有需要我帮忙的地方吗?

Nín zǒu zhī qián, yǒu xūyào wǒ bāngmáng de dìfang ma?

떠나시기 전에 제가 도와드릴 것이 있습니까?

3. 明天您要在酒店里吃早餐吗?

Míngtiān nín yào zài jiǔdiàn li chī zǎocān ma?

내일 호텔에서 조식을 드시겠습니까?

4. 麻烦帮我把行李送到大厅门口。

Máfan bāng wǒ bǎ xíngli sòngdào dàtīng ménkǒu.

제 짐을 로비 입구로 좀 옮겨주십시오.

5. 请您签一下账单。

Qǐng nín qiān yíxià zhàngdān.

명세서를 확인해주시기 바랍니다.

12-2 상황별 대화 1
情景对话1

☑ 在酒店前台 (Zài jiǔdiàn qiántái) 호텔 프런트데스크에서

服务员：　听说您明天要走了，是吗?

Tīngshuō nín míngtiān yào zǒu le, shì ma?

李伟：　对，明天早上我就要搭飞机回上海了。

Duì, míngtiān zǎoshang wǒ jiù yào dā fēijī huí Shànghǎi le.

服务员：　您走之前，有需要我帮忙的地方吗?

Nín zǒu zhī qián, yǒu xūyào wǒ bāngmáng de dìfang ma?

李伟：　我有些行李要整理，请给我一把剪刀、一个透明胶带和一些旧报纸。

Wǒ yǒu xiē xíngli yào zhěnglǐ, qǐng gěi wǒ yì bǎ jiǎndāo、yí ge tòumíng jiāodài hé yìxiē jiùbàozhǐ.

这时候用中文怎么说? 이럴 때는 중국어로 어떻게 말할까요?

~, 是吗?

~, 그러신지요?

어떤 사실을 설명한 후에 '是吗?'라는 말로 그 사실 여부를 확인한다. '~한다고 하는데 그러신가요?'의 의미를 나타낸다.

例句

1. 听说您明天要走了，是吗?

   Tīngshuō nín míngtiān yào zǒu le, shì ma?

   내일 떠나신다고 들었는데, 그러신지요?

2. 这家酒店一天的房费是40万，是吗?

   Zhè jiā jiǔdiàn yì tiān de fángfèi shì sì shí wàn, shì ma?

   이 호텔의 하루 숙박비는 40만원으로 알고 있는데, 맞습니까?

memo

12-3 상황별 대화 2
情景对话2

☑ 订早餐 (Dìng zǎocān) 조식을 예약하다.

服务员： 顺便问一下，明天您要在酒店里吃早餐吗?

Shùnbiàn wèn yíxià, míngtiān nín yào zài jiǔdiàn li chī zǎocān ma?

李伟： 请帮我订一份三明治和一杯美式咖啡，然后在6点半送到我的房间。

Qǐng bāng wǒ dìng yí fèn sānmíngzhì hé yì bēi měishì kāfēi, ránhòu zài liù diǎn bàn sòngdào wǒ de fángjiān.

服务员： 好的，请问还有其他需要吗?

Hǎo de, qǐng wèn hái yǒu qítā xūyào ma?

李伟： 对了，明天早上我会把行李放在房间门外，麻烦帮我把行李送到大厅门口，谢谢。

Duì le, míngtiān zǎoshang wǒ huì bǎ xíngli fàngzài fángjiān mén wài, máfan bāng wǒ bǎ xíngli sòngdào dàtīng ménkǒu, xièxie.

这时候用中文怎么说? 이럴 때는 중국어로 어떻게 말할까요?

顺便

겸사겸사,
~하는 김에

'顺便'이라는 말은 '어떤 동작을 하는 김에 ~하다'는 의미를 나타낸다. 굳이 한국말로 한다면, '겸사겸사', '~는 김에'로 해석된다. 비슷한 표현으로 '顺路'가 있으며 '가는 길에(김에)', '오는 길에(김에)', '~하는 길에(김에)'의 의미다.

例句

1. 顺便问一下，明天您要在酒店里吃早餐吗?
   Shùnbiàn wèn yíxià, míngtiān nín yào zài jiǔdiàn li chī zǎocān ma?
   말씀 좀 여쭤보겠습니다. 내일 호텔에서 조식을 드시겠습니까?

2. 我想顺便看看酒店的健身房。
   Wǒ xiǎng shùnbiàn kàn kan jiǔdiàn de jiànshēnfáng.
   호텔의 헬스클럽을 좀 둘러보고 싶습니다.

memo

12-4 상황별 대화 3

情景对话3

☑ **第二天早上，服务员敲客人的房门**
(Dì èr tiān zǎoshang, fúwùyuán qiāo kèrén de fángmén)
이튿날 종업원이 손님의 방문을 두드린다.

服务员：　您好，送餐服务，给您送早餐来了。

Nín hǎo, sòngcān fúwù, gěi nín sòng zǎocān lái le.

李伟：　谢谢，放在桌上就可以了。

Xièxie, fàngzài zhuō shang jiù kěyǐ le.

服务员：　请您签一下账单，如果还需要什么，请拨2与送餐服务联系。祝您用餐愉快！

Qǐng nín qiān yíxià zhàngdān, rúguǒ hái xūyào shénme, qǐng bō èr yǔ sòngcān fúwù liánxì. Zhù nín yòngcān yúkuài!

李伟：　谢谢。

Xièxie .

这时候用中文怎么说? 이럴 때는 중국어로 어떻게 말할까요?

与~联系

~와 연락하다

'与 + 대상 + 联系'는 '~와 연락을 하다'는 의미이다. '与'는 '和', '跟'과 같은 의미이다.

例句

1. 如果还需要什么，请拨2与送餐服务联系。

   Rúguǒ hái xūyào shénme, qǐng bō èr yǔ sòngcān fúwù liánxì.

   도움이 필요하시면, 2번을 누르시고 룸 서비스로 연락 주시기 바랍니다.

2. 如果您有任何需要，请随时与前台联系。

   Rúguǒ nín yǒu rènhé xūyào, qǐng suíshí yǔ qiántái liánxì.

   도움이 필요하시면, 언제든지 프런트데스크로 연락 주시기 바랍니다.

memo

12-5 표현 업그레이드

进阶表达

是非题 O, X 문제

음원을 듣고 해당되는 답을 체크해보세요.

	O	X
1. 客人明天要在酒店吃晚餐。 손님은 내일 호텔에서 저녁 식사를 할 것이다.	(　　)	(　　)
2. 客人想订一份三明治和一杯咖啡。 손님은 샌드위치 하나와 아메리카노 한 잔을 미리 주문하려 한다.	(　　)	(　　)
3. 早餐会在6点半送到客人的房间。 조식은 6시 30분에 객실로 전해질 것이다.	(　　)	(　　)
4. 明天早上客人会把行李放在房间门外。 내일 아침에 손님은 짐을 객실 문 밖에 둘 것이다.	(　　)	(　　)

☑ 连连看 연결하기

1. 听说您明天要走了，是吗？ • • a. 我有些行李要整理，请给我一些旧报纸。
2. 您走之前，有需要我帮忙的地方吗？ • • b. 对，明天早上我就要搭飞机机回上海了。
3. 明天您要在酒店里吃早餐吗？ • • c. 谢谢，放在桌上就可以了。
4. 您好，送餐服务，给您送早餐来了。 • • d. 请帮我订一份三明治，然后在6点送到我的房间。

☑ 酒店相关句型 표현 PLUS

1. 我明天早上想在房间里用早餐。

Wǒ míngtiān zǎoshang xiǎng zài fángjiān li yòng zǎocān.
내일 아침에 조식은 제 방에서 먹고 싶습니다.

2. 请问您要点什么？

Qǐng wèn nín yào diǎn shénme?
무엇을 주문하시겠습니까?

3. 这里是368号房，我想订一份早餐。

Zhè li shì sān liù bā hào fáng, wǒ xiǎng dìng yí fèn zǎocān.
여기는 368호입니다. 조식을 좀 주문하려고 합니다.

4. 麻烦送一份美式早餐到503号房。

Máfan sòng yí fèn měishì zǎocān dào wǔ líng sān hào fáng.

아메리칸식 조식 1인분을 503호로 좀 보내주시기 바랍니다.

5. 您的餐点将在30分钟内送到。

Nín de cāndiǎn jiāng zài sān shí fēnzhōng nèi sòngdào.

요리는 30분 내로 바로 보내드리겠습니다.

6. 用餐后请把餐具放在房间门口。

Yòngcān hòu qǐng bǎ cānjù fàngzài fángjiān ménkǒu.

식사를 마치신 후, 식기는 객실 문 앞에 두시기 바랍니다.

7. 用餐结束请拨2联系送餐服务，我们将会尽快收回餐具。

Yòngcān jiéshù qǐng bō ér liánxì sòngcān fúwù, wǒmen jiāng huì jǐnkuài shōuhuí cānjù.

식사를 마치신 후, 2번을 누르시고 룸 서비스로 연락 주시면 저희가 바로 식기를 정리해드리겠습니다.

8. 半小时后我们将来收取餐具。

Bàn xiǎoshí hòu wǒmen jiāng lái shōuqǔ cānjù.

30분 후 저희가 식기를 수거하러 오겠습니다.

9. 请把行李放在门外。

Qǐng bǎ xíngli fàngzài ménwài.

짐은 문 밖에 두시기 바랍니다.

10. 请把姓名和地址标签挂在您的行李上。

Qǐng bǎ xìngmíng hé dìzhǐ biāoqiān guàzài nín de xíngli shang.

네임택을 짐 위에 걸어주시기 바랍니다.

☑ 任务 미션

你是酒店服务员，现在有中国游客要离开酒店了，请给他提供行前服务，想一想你们会怎么对话。

당신은 호텔 직원입니다. 지금 막 호텔을 떠나려고 하는 중국인 여행객에게 체크아웃 전 서비스를 제공하려고 할 때, 여러분은 어떻게 대화를 할지 생각해 보세요.

客人 손님	要求事项 요구사항
金先生 미스터김	想在房间吃早餐，一份三明治和一杯绿茶 조식은 룸 서비스로 샌드위치 하나와 녹차 한 잔을 준비해주시기 바랍니다.
李小姐 미스리	退房的时候请帮忙拿行李到酒店门口 체크아웃 시, 제 짐을 호텔 입구로 옮겨주시기 바랍니다.

13과

退房
Tuìfáng

체크아웃

13-1 단어와 핵심 문형

生词和关键句

이번 과에서 학습할 내용은?

1. 체크아웃을 하는 손님을 응대하는 표현을 학습한다.

2. 체크아웃의 규정 내용을 학습한다.

3. 부가 서비스 이용 요금을 확인하고 결제 요청하는 표현을 학습한다.

4. 출국하는 손님의 교통 이용 문의를 이해하고 안내하는 표현을 학습한다.

5. 체크아웃과 관련된 표현을 보충 학습한다.

☑ 新生词 단어

久等	jiǔděng	동 오래 기다리다
包括	bāokuò	동 포함하다. 포괄하다
付现	fùxiàn	동 현금을 지급하다
延误	yánwù	동 지체하다
根据	gēnjù	동 ~에 의거하여
规定	guīdìng	명 규정
结账	jiézhàng	동 계산하다
出租车	chūzūchē	명 택시
机场大巴	jīchǎng dàbā	명 공항 리무진
费用	fèiyòng	명 비용
堵车	dǔchē	동 교통 체증이 생기다, 길이 막히다

关键句 핵심 문형

1. 让您久等了。

Ràng nín jiǔděng le.

오래 기다리셨습니다.

2. 您要刷卡还是付现?

Nín yào shuākǎ háishì fùxiàn?

신용카드로 결제하시겠습니까 아니면 현금으로 결제하시겠습니까?

3. 退房时间是中午12点以前。

Tuìfáng shíjiān shì zhōngwǔ shí èr diǎn yǐqián.

오후 12시 이전에 체크아웃하셔야 합니다.

4. 要帮您叫出租车吗?

Yào bāng nín jiào chūzūchē ma?

택시를 불러 드릴까요?

5. 从酒店到机场坐出租车的费用大概是多少?

Cóng jiǔdiàn dào jīchǎng zuò chūzūchē de fèiyòng dàgài shì duōshǎo?

호텔에서 공항까지 택시 요금이 얼마나 나올까요?

13-2 상황별 대화 1
情景对话1

☑ **在酒店前台 (Zài jiǔdiàn qiántái) 호텔 프런트데스크에서**

李伟： 您好，我要退房。
Nín hǎo, wǒ yào tuìfáng.

服务员： 好的，请告诉我您的房号。
Hǎo de, qǐng gàosu wǒ nín de fánghào.

李伟： 395号房，这是我的房卡。
Sān jiǔ wǔ hào fáng, zhè shì wǒ de fángkǎ.

服务员： 请稍等。… 李先生，让您久等了。
您住了5天，包括洗衣费一共是85万韩币。
Qǐng shāo děng. … Lǐ xiānsheng, ràng nín jiǔděng le.
Nín zhù le wǔ tiān, bāokuò xǐyīfèi yígòng shì bā shí wǔ wàn hánbì.

这时候用中文怎么说? 이럴 때는 중국어로 어떻게 말할까요?

包括

포함하다, 포괄하다

'包括'는 '(이것 저것을 모두) 포함하다', '포괄하다'는 의미의 동사로 명사 목적어를 취할 수 있다.

例句

1. 包括洗衣费一共是85万韩币。

   Bāokuò xǐyīfèi yígòng shì bā shí wǔ wàn hánbì.

   세탁비를 포함하여 총 85만원입니다.

2. 账单不包括服务费和手续费。

   Zhàngdān bù bāokuò fúwùfèi hé shǒuxùfèi.

   명세서에는 서비스 비용과 수수료가 포함되어 있지 않습니다.

memo

13-3 상황별 대화 2

情景对话2

☑ 付房费 (Fù fángfèi) 숙박료를 지불하다.

服务员：您要刷卡还是付现?

Nín yào shuākǎ háishì fùxiàn?

李伟：我要刷卡。对了，我的飞机航班延误了，我可以下午2点再退房吗?

Wǒ yào shuākǎ. Duì le, wǒ de fēijī hángbān yánwù le, wǒ kěyǐ xiàwǔ liǎng diǎn zài tuìfáng ma?

服务员：很抱歉，根据酒店的规定，退房时间是中午12点以前，如果您要下午退房，得再付半天的房费。

Hěn bàoqiàn, gēnjù jiǔdiàn de guīdìng, tuìfáng shíjiān shì zhōngwǔ shí èr diǎn yǐqián, rúguǒ nín yào xiàwǔ tuìfáng, děi zài fù bàntiān de fángfèi.

李伟：好吧，那我只好先结账了。

Hǎo ba, nà wǒ zhǐhǎo xiān jiézhàng le.

这时候用中文怎么说? 이럴 때는 중국어로 어떻게 말할까요?

根据

~에 의거하여

'根据'는 어떤 사물이나 동작을 전제로 하여 '~에 따라서(따르면)', '~에 근거(의거)하여'라는 의미를 나타낸다.

例句

1. 根据酒店的规定，退房时间是中午12点以前。
   Gēnjù jiǔdiàn de guīdìng, tuìfáng shíjiān shì zhōngwǔ shí èr diǎn yǐqián.
   호텔 규정에 따라 오후 12시 이전에 체크아웃을 해주셔야 합니다.

2. 根据天气预报，首尔明天会下雪。
   Gēnjù tiānqì yùbào, Shǒu'ěr míngtiān huì xià xuě.
   일기예보에 따르면 내일 서울에 눈이 내릴 것으로 예상됩니다.

memo

상황별 대화 3

13-4 情景对话3

☑ **从酒店到机场 (Cóng jiǔdiàn dào jīchǎng)**
호텔에서 공항으로 이동하다.

服务员： 李先生，要帮您叫出租车吗？

Lǐ xiānsheng, yào bāng nín jiào chūzūchē ma?

李伟： 我是坐机场大巴来的，没坐过出租车，从酒店到机场坐出租车的费用大概是多少？要多长时间？

Wǒ shì zuò jīchǎng dàbā lái de, méi zuò guò chūzūchē, cóng jiǔdiàn dào jīchǎng zuò chūzūchē de fèiyòng dàgài shì duōshǎo?Yào duō cháng shíjiān?

服务员： 大概3万多，不堵车的话30分钟就到了。

Dàgài sān wàn duō, bù dǔchē de huà sān shí fēn zhōng jiù dào le.

李伟： 好，请帮我叫一辆出租车吧，谢谢。

Hǎo, qǐng bāng wǒ jiào yí liàng chūzūchē ba, xièxie.

这时候用中文怎么说? 이럴 때는 중국어로 어떻게 말할까요?

동사 + 过
(경험)
~한 적이 있다

'동사 + 过'는 과거에 어떤 동작이나 행동을 경험한 바가 있음을 나타내며, '~을 한 적이 있다', '~해 본 경험이 있다' 등으로 해석된다.

例句

1. 我没坐过出租车。
   Wǒ méi zuòguò chūzūchē.
   저는 택시를 타본 적이 없습니다.

2. 我没去过首尔塔。
   Wǒ méi qùguò Shǒu'ěrtǎ.
   저는 서울타워에 가본 적이 없습니다.

memo

13-5 표현 업그레이드 进阶表达

☑ 是非题 O, X 문제

음원을 듣고 해당되는 답을 체크해보세요.

	O	X
1. 客人想办理入住手续。 손님은 체크인 수속을 원한다.	(　　)	(　　)
2. 房费不包括洗衣费一共是35万韩币。 세탁비를 불포함한 숙박비는 총 35만 원이다.	(　　)	(　　)
3. 客人要刷卡。 손님은 카드로 결제하려 한다.	(　　)	(　　)
4. 从酒店到机场坐出租车10分钟就到了。 호텔에서 택시를 타고 10여 분이면 공항에 도착한다.	(　　)	(　　)

☑ 连连看 연결하기

1. 要帮您叫出租车吗? •	• a. 我要刷卡。
2. 您要刷卡还是付现? •	• b. 如果您要下午退房，得再付半天的房费。
3. 您好，我要退房。 •	• c. 好，请帮我叫一辆出租车。
4. 我可以下午2点再退房吗? •	• d. 好的，请告诉我您的房号。

☑ 酒店相关句型 표현 PLUS

1. 请问您住哪间房?

   Qǐng wèn nín zhù nǎ jiān fáng?
   몇 호 객실에 묵고 계신가요?

2. 能告诉我一下您的名字和房号吗?

   Néng gàosu wǒ yíxià nín de míngzi hé fánghào ma?
   성함과 객실 번호를 알려주시겠습니까?

3. 您的行李都准备好了吗?

   Nín de xíngli dōu zhǔnbèihǎo le ma?
   짐은 모두 정리하셨습니까?

4. 请稍等，我马上为您结账。

Qǐng shāo děng, wǒ mǎshàng wèi nín jiézhàng.

잠시만 기다려주시기 바랍니다. 바로 결제를 도와드리겠습니다.

5. 这是您的收据，请收好。

Zhè shì nín de shōujù, qǐng shōuhǎo.

여기 영수증입니다. 잘 보관해주시기 바랍니다.

6. 我的账单有点儿问题，请再帮我确认一下。

Wǒ de zhàngdān yǒu diǎnr wèntí, qǐng zài bāng wǒ quèrèn yíxià.

제 명세서에 문제가 있는 것 같습니다. 다시 한 번 확인해주시기 바랍니다.

7. 这是您在房间里打国际长途的费用。

Zhè shì nín zài fángjiān li dǎ guójì chángtú de fèiyòng.

이것은 객실에서 이용하신 국제전화 비용입니다.

8. 您退房以后可以把行李放在前台的行李寄存处。

Nín tuìfáng yǐhòu kěyǐ bǎ xíngli fàngzài qiántái de xíngli jìcúnchù.

체크아웃 이후 짐을 프런트 데스크의 수하물 보관 센터에 맡기실 수 있습니다.

9. 你们的服务好极了，我很满意。

Nǐmen de fúwù hǎo jí le, wǒ hěn mǎnyì.

서비스가 정말 훌륭하네요. 만족스러워요.

10. 欢迎您再次光临我们酒店。

Huānyíng nín zàicì guānglín wǒmen jiǔdiàn.

다음에 또 저희 호텔을 찾아주시기 바랍니다.

11. 从酒店到机场坐出租车要多长时间?

Cóng jiǔdiàn dào jīchǎng zuò chūzūchē yào duō cháng shíjiān?

호텔에서 공항까지 시간이 얼마나 걸릴까요?

☑ 任务 미션

你是酒店服务员，现在有中国游客要退房，请用汉语给他办理退房手续，想一想你们会怎么对话。

당신은 호텔 직원입니다. 지금 중국인 여행객이 체크아웃을 하려고 합니다. 이럴 때 여러분은 중국어로 어떻게 대화할지 고민해 보세요.

客人 손님	天数 일수	房费 숙박비	其他费用 기타 요금
金先生 미스터김	3夜 3박	₩380,000 380,000원	洗衣服务₩20,000 세탁 서비스 20,000원
李小姐 미스리	2夜 2박	₩250,000 250,000원	国际长途₩30,000 국제 전화 30,000원

부록

해석
녹음대본
정답

해석

1장

1-2 情景对话1 상황별 대화 1

在酒店门口

호텔 입구에서

服务员： 先生，晚上好！欢迎来到我们的酒店。请问您有几件行李？

선생님, 안녕하십니까! 저희 호텔에 오신 것을 환영합니다. 짐이 몇 개 입니까?

李伟： 两件行李，一只旅行箱和一只公文箱。

두 개 있어요. 하나는 여행용 가방이고, 하나는 서류가방입니다.

服务员： 好的， 我先带您去大厅前台，请往这边走。…… 我把您的行李放在这儿。

네, 제가 손님을 프런트 데스크로 모시겠습니다. 이쪽으로 오십시오. ……
손님의 짐을 여기에 내려놓겠습니다.

李伟： 好，谢谢。

네, 고마워요.

1-3 情景对话 2 상황별 대화 2

在酒店前台

프런트 데스크에서

服务员： 您好，请问您需要什么服务？

안녕하십니까? 무엇을 도와드릴까요?

李伟：　我要办理入住手续。

체크인을 하려구요.

服务员：　好的，您预订房间了吗?

네, 방을 예약하셨습니까?

李伟：　我预订了两天的房间，这是我的预订号码。

이 호텔에 이틀 묵겠다고 예약했습니다. 이것이 저의 예약 번호에요.

☑ 1-4 情景对话 3 상황별 대화 3

在酒店前台

프런트 데스크에서

服务员：　请稍等，我查一下预订记录。…… 李先生，谢谢您的等候，您预订了两个晚上的单人房，请给我看一下您的护照。

잠시만요, 제가 예약기록을 확인해 보겠습니다. 이 선생님, 기다려 주셔서 감사합니다. 손님께서 예약하신 방은 1인실이고, 이틀간 묵으시는군요. 여권을 좀 보여 주십시오.

李伟：　好，在这儿。

네, 여기있습니다.

服务员：　谢谢，您的房间是306号，这是您的房卡，请稍等一下，服务员会带您去房间。

감사합니다. 손님의 방은 306호입니다. 이것은 손님방의 카드키입니다. 잠시만 기다리시면 저희 직원이 방으로 안내해 드리겠습니다.

李伟：　谢谢。

감사합니다.

2장

☑ 2-2 情景对话1 상황별 대화 1

服务员: 先生, 我带您到您的房间, 请跟我来。... (在电梯里) 这是您第一次到首尔吗?

선생님, 제가 객실로 안내해 드리겠습니다. (엘리베이터에서) 서울에 처음 오셨습니까?

李伟: 是的, 我是来出差的。

네, 저는 출장 왔습니다.

服务员: 首尔有许多地方值得看看, 希望您在首尔过得愉快。

서울에는 볼 만한 곳이 많이 있으니, 즐거운 시간을 보내시길 바랍니다.

李伟: 谢谢。

(예), 고맙습니다.

☑ 2-3 情景对话 2 상황별 대화 2

服务员打开房间门, 把灯打开

벨보이가 방문을 열고 전등을 켠다

服务员: 这是您的房间, 我把行李放在这里好吗?

여기가 손님방입니다. 제가 짐을 이곳에 내려 놓아도 되겠습니까?

李伟: 好的。哇，房间很宽很舒适。

좋아요. 오, 방이 넓고 쾌적하네요.

服务员： 这是我们酒店的服务指南，如果您需要什么，请拨分机号码，或拨0由总机为您服务。

이것은 저희 호텔 안내 책자입니다. 필요한 것이 있으시면 내선번호를 누르시거나 0을 누르시면 프런트에서 도와드릴 겁니다.

李伟： 好的，谢谢。

네, 고맙습니다.

2-4 情景对话 3 상황별 대화 3

拨打电话

전화를 걸 때

话务员： 您好！很高兴能为您服务？

안녕하십니까! 무엇을 도와드릴까요?

李伟： 请问餐厅在哪儿？

식당은 어디에 있지요?

话务员： 餐厅在8楼， 还有什么需要我帮忙的吗？

식당은 8층에 있습니다. 더 도와드릴 일이 있습니까?

李伟： 没有，谢谢。

아니요. 고맙습니다.

3장

☑ 3-2 情景对话1 상황별 대화 1

在酒店前台

호텔 프런트 데스크에서

李伟： 晚上好。

안녕하세요.

服务员： 先生，晚上好。我能为您效劳吗?

선생님, 안녕하세요. 제가 무엇을 도와드릴까요?

李伟： 我来找128房间的金喜善小姐，她是昨天到这儿的，您可以帮我转接吗?

128호의 김희선씨를 만나러 왔습니다. 그 분은 어제 이곳에 왔어요. 그 분에게 전화 좀 걸어줄 수 있나요?

服务员： 好的，请稍等，我给您接通。

네, 잠시만 기다려 주십시오. 연결해 드리겠습니다.

☑ 3-3 情景对话 2 상황별 대화 2

服务员： 对不起，先生，房间里没有人接电话。

죄송합니다. 선생님, 아무도 전화를 받지 않으시네요.

李伟： 请您查一下她是否留下任何便条。

그 분이 어떤 메모를 남겼는지 좀 알아봐 주세요.

服务员： 我帮您看一下。…这儿有一张她的便条，上面写着她一大早去大邱，晚上才回来。

제가 알아봐 드리겠습니다. 여기에 그 분의 메모가 있는데 이른 새벽에 대구로 출발해서 밤에나 돌아오실 수 있다고 씌어져 있군요.

李伟： 好，谢谢。

네, 정말 고마워요.

☑ 3-4 情景对话 3 상황별 대화 3

李伟： 我可以给她留个便条吗？她明天就要离开首尔了。

그 분에게 메모를 남길 수 있을까요? 그 분은 내일 서울을 떠나거든요.

服务员： 当然，这是纸和笔。

물론이죠. 여기에 종이와 펜이 있습니다.

李伟： 请把这张便条和这个小包转交给她。

이 메모와 가방을 그 분에게 전해주세요.

服务员： 好的，没问题。（服务员在"物品转交记录表"写上物品的顺序编号）

네, 알겠습니다. ('수하물 전달 기록 리스트'에 수하물의 일련번호를 기입한다.)

4장

☑ 4-2 情景对话1 상황별 대화 1

服务员： 早上好！我能为您效劳吗？

좋은 아침입니다! 무엇을 도와드릴까요?

李伟： 我想买去济州岛的机票，每天有几个航班？

제주도행 비행기표를 사고 싶어요. 매일 몇 편의 비행기가 있습니까?

服务员： 每天五个航班。

매일 5편이 있습니다.

李伟： 请帮我订一张星期六去济州岛的机票。

토요일에 출발하는 제주도행 비행기표 한 장을 예약하고 싶습니다.

☑ 4-3 情景对话 2 상황별 대화 2

服务员： 很抱歉，现在是旅游旺季，周末的票都卖完了。

정말 죄송합니다. 지금은 여행 성수기라 주말 비행기표가 모두 예약이 완료되었습니다.

李伟： 没票了，怎么办？

표가 없다고요? 어떡하죠?

服务员： 要是周末出发的话，您可以考虑从釜山飞往济州岛的航班，从首尔坐KTX到釜山不到三个小时。目前还剩下几张票，要帮您订票吗？

만약 주말에 출발하신다면, 부산에서 제주도로 가는 항공편을 고려해보실 수 있습니다. 서울에서 KTX를 타고 부산에 도착하기까지 3시간이 걸리지 않습니다. 현재 남은 티켓이 몇 장 없습니다. 예약을 도와드릴까요?

李伟： 好吧，看来我只好从釜山出发了。

네, 보아하니 제가 부산에서 출발할 수 밖에 없겠네요.

☑ 4-4 情景对话 3 상황별 대화 3

服务员： 您要什么时候的机票?

어느 날짜의 표를 원하십니까?

李伟： 我要一张星期六上午九点的经济舱机票。

토요일 오전 9시 이코노미석 비행기 티켓 1장으로 주세요.

服务员： 好的，飞往济州岛的机票是韩币18万，加上机场税一共是20万。

네, 제주도행 티켓은 원화 18만원이며 공항세가 더해지면 총 20만원입니다.

李伟拿出信用卡刷卡付费

李伟가 신용카드를 꺼내어 결제한다.

服务员： 谢谢，这是您的电子机票和发票，祝您旅途愉快!

감사합니다. 이것은 고객님의 전자티켓과 영수증입니다. 즐거운 여행 되시기 바랍니다.

5장

☑ 5-2 情景对话1 상황별 대화 1

服务员：　您好！我能为您效劳吗？

안녕하세요! 무엇을 도와 드릴까요?

李伟：　您好，我要把美元兑换成韩币。

안녕하세요, 달러를 원화로 바꾸고 싶습니다.

服务员：　好的，您想换多少？

네, 얼마나 바꾸시겠습니까?

李伟：　换300美元。

300달러입니다.

☑ 5-3 情景对话 2 상황별 대화 2

李伟：　今天美元对韩币的汇率是多少？

오늘의 원화 대비 달러 환율은 얼마나 됩니까?

服务员：　今天的汇率是1美元兑换1158韩币，请填写一下申请书和兑换单，也请出示一下您的护照。

오늘의 원화 환율은 달러당 1,158원입니다. 신청서와 외환 거래장을 작성하시고, 손님의 여권을 좀 보여주십시오.

李伟填写单子，并把护照给服务员

李伟는 증서를 작성하며, 직원에게 여권을 건넨다.

服务员： 谢谢您的耐心等候，按今天的汇率，300美元换成韩币一共是三十四万七千四百元。

기다려 주셔서 감사합니다. 오늘의 환율에 따르면 300달러는 원화로 총 34만 7천 4백원입니다.

☑ 5-4 情景对话 3 상황별 대화 3

李伟： 我能把这张200美元的支票兑换成韩币吗?

이 200달러짜리 여행자 수표를 원화로 환전할 수 있습니까?

服务员： 当然可以，今天的汇率是1：1100。

물론이죠, 오늘의 원화 환율은 달러당 1,100원입니다.

李伟： 这是我的支票，请给我3张五万的，其余的7张请给我一万的。

이것이 저의 여행자 수표입니다. 5만 원짜리 지폐로 3장을 주시고, 나머지는 모두 1만 원짜리 지폐로 7장을 주시기 바랍니다.

服务员： 请您在这张兑换单上签字。…请核对一下金额，把兑换单收好，您离开韩国时可以兑换剩下的钱。

이 외환 거래장에 서명을 해주시기 바랍니다. 금액을 확인해보시고, 외환 거래장은 잘 보관하시기 바랍니다. 손님께서 한국을 떠나실 때, 남은 돈은 다시 환전하실 수 있습니다.

6장

☑ 6-2 情景对话1 상황별 대화 1

敲门声

노크하는 소리

服务员： 对不起，打扰您了，我是客房服务员，请问可以进去打扫房间吗？

죄송합니다. 실례하겠습니다. 저는 객실 서비스 직원입니다. 실례지만, 청소를 해도 되겠습니까?

李伟： 我现在有点事情，请等一会儿再来好吗？

제가 지금은 일이 좀 있어서요, 잠시 후에 다시 오면 안 될까요?

服务员： 好的，请把"请勿打扰"的牌子挂在门上。

네, 그러면 "깨우지 마시오"라는 카드를 문 앞에 걸어 놓으시기 바랍니다.

李伟： 好的，谢谢。

네, 고맙습니다.

☑ 6-3 情景对话 2 상황별 대화 2

李伟： 请问房间里可以上网吗？

객실 내 인터넷 사용이 가능합니까?

服务员： 可以，我们免费提供无线上网服务。

네, 저희는 무선 인터넷 서비스를 무료로 제공하고 있습니다.

李伟：　需要密码吗？

비밀번호가 필요한가요?

服务员：　用户名和密码是您的房间号。

사용자명과 비밀번호는 고객님의 객실 번호입니다.

6-4 情景对话 3 상황별 대화 3

拨打电话

전화를 건다

话务员：　您好，我能为您效劳吗？

안녕하세요. 무엇을 도와드릴까요?

李伟：　请问酒店提供叫醒服务吗？

호텔에서 모닝콜 서비스를 제공하고 있나요?

话务员：　我们有电话叫醒和敲门叫醒，您要选择哪一种？

저희 호텔에서는 모닝콜 서비스와 객실을 노크하여 깨워드리는 서비스를 제공하고 있습니다. 어느 것을 원하시나요?

李伟：　那么请您明天早上6点用电话叫醒我。

그렇다면 내일 오전 6시에 모닝콜을 부탁드립니다.

7장

☑ 7-2 情景对话1 상황별 대화 1

敲门声

문을 두드리는 소리

服务员：　打扰您了，请问您有衣服要洗吗？

실례하겠습니다. 세탁해야 할 옷이 있습니까?

李伟：　现在没有，但我想知道洗衣服务的时间。

지금은 없습니다만, 세탁 서비스가 가능한 시간을 알고 싶습니다.

服务员：　洗衣服务时间一般到晚上九点。

세탁 서비스는 일반적으로 저녁 9시까지 가능합니다.

李伟：　好的，谢谢！

네, 감사합니다!

☑ 7-3 情景对话 2 상황별 대화 2

李伟：　我想干洗这件衬衫，大概多久可以取回衣服？

저는 이 와이셔츠를 드라이클리닝 하고 싶습니다. 대략 언제쯤 옷을 찾을 수 있을까요?

服务员：　干洗一般要一天的时间。

드라이클리닝은 일반적으로 하루가 소요됩니다.

李伟： 不行，我今天晚上得穿。

안 되겠는데요, 제가 오늘 저녁에 꼭 입어야 합니다.

服务员： 没问题，我们提供加急洗衣服务。

알겠습니다. 저희가 특급 세탁서비스를 제공하고 있거든요.

☑ 7-4 情景对话 3 상황별 대화 3

服务员： 您好，这是您昨天送洗的衣服，请您检查一下。

안녕하세요. 이것은 어제 손님께서 맡기신 옷입니다. 확인해보시기 바랍니다.

李伟： 谢谢，洗得真干净。怎么收费呢?

감사합니다. 아주 깨끗하네요. 비용은 어떻게 받으세요?

服务员： 收费标准表在梳妆台上，洗衣费在您退房时付费就可以了。

요금 표는 화장대 위에 있습니다. 세탁 요금은 체크아웃 하실 때 지불하시면 됩니다.

李伟： 好的，谢谢。

네, 감사합니다.

8장

☑ 8-2 情景对话1 상황별 대화 1

服务员：　李先生，听说您生病了，您觉得什么地方不舒服？

이 선생님, 편찮으시다고 들었습니다. 어디가 불편하신가요?

李伟：　我头疼得很厉害。

두통이 심하네요.

服务员：　要我请医生来吗？

제가 의사를 불러올까요?

李伟：　不用，谢谢。请给我一些止痛药，我休息一下就好了。

괜찮아요, 고마워요. 저에게 진통제를 좀 가져다 주세요. 좀 쉬면 금방 좋아질 것 같아요.

☑ 8-3 情景对话 2 상황별 대화 2

服务员：　我把药拿来了，请吃药，多喝水好好儿休息。

약을 가져왔습니다. 약을 드시고 물을 많이 마시면서 편히 쉬십시오.

李伟：　谢谢你。

고마워요.

服务员： 哪里哪里，应该的。如果还有什么需要，请随时告诉我。

천만에요, 당연한 일입니다. 만약 무슨 일이 있으시면 언제든지 불러 주십시오.

李伟： 好的。

알겠습니다.

☑ 8-4 情景对话 3 상황별 대화 3

服务员： 先生，早上好，今天好点儿了吗?

손님, 좋은 아침입니다. 오늘은 좀 좋아지셨나요?

李伟： 头不疼，好多了，但是肚子还是有点儿不舒服。

두통은 없어져 많이 좋아졌습니다. 다만 배가 아직도 좀 불편합니다.

服务员： 也许是水土不服吧，希望您早日康复。

아마 풍토가 맞지 않아서 그러실 겁니다. 빨리 나으시길 바랍니다.

李伟： 谢谢。

고마워요.

9장

☑ 9-2 情景对话1 상황별 대화 1

在咖啡厅门口

카페 입구에서

李伟：　你好，我已经订位了。

안녕하세요. 저는 이미 예약했습니다.

服务员：　请问您贵姓?

실례지만, 성함이 어떻게 되십니까?

李伟：　我姓李，我预订了三点的桌位。

제 성은 李이며, 3시로 예약했습니다.

服务员：　好的，请跟我来。

네, 저를 따라 오시죠.

☑ 9-3 情景对话 2 상황별 대화 2

在咖啡厅里，李伟看到窗边有一张双人桌

카페에서 李伟씨가 창가의 2인용 테이블을 발견했다.

李伟：　请问我们可以坐那儿吗?

실례지만, 우리가 저기에 앉아도 될까요?

服务员：　对不起，那张桌子已经有人预订了，如果明天您想坐在那儿，我可以先帮您预约。

죄송합니다만, 그 좌석은 이미 예약되어 있습니다. 만약 내일 손님께서 이 자리를 원하신다면 제가 예약해 드릴 수 있습니다.

李伟：　好，那就帮我预约明天下午两点吧。

네, 그럼 내일 오후 2시로 예약해주세요.

服务员：　好的，请往这儿走，今天请先坐这儿。

네, 저를 따라오시죠. 오늘은 이쪽으로 모시겠습니다.

☑ 9-4 情景对话 3 상황별 대화 3

客人就坐，准备点餐

손님이 착석한 후 음식을 주문한다

服务员：　这是我们的菜单，我们有三明治、蛋糕、咖啡、茶和果汁。两位想要点什么？

저희 카페의 메뉴 판입니다. 샌드위치, 케이크, 커피, 차 그리고 주스가 있습니다. 두 분께서는 무엇을 주문하시겠습니까?

李伟：　我们要一份火腿三明治和一块草莓蛋糕。

햄 샌드위치 하나와 딸기 케이크 한 조각 주세요.

服务员：　好的，两位想喝点儿什么？

네, 두 분께서 음료는 어떻게 주문하시겠습니까?

李伟：　给我们来一杯橙汁和绿茶。

오렌지 주스 한 잔과 녹차 한 잔 주세요.

10장

☑ 10-2 情景对话1 상황별 대화 1

客人进入餐厅

손님이 레스토랑으로 들어선다.

服务员：很抱歉，现在没有空位了。

죄송합니다만, 현재 빈 자리가 없습니다.

李伟：大概要等多久呢?。

대략 어느 정도 기다려야 할까요?

服务员：我想至少要20分钟。这是菜单，请您先到等候区稍坐一下好吗?

최소 20여 분은 기다리셔야 합니다. 대기석에서 잠시 기다려 주시겠습니까?

李伟：好，如果可以的话，请给我们靠窗的位子。

네, 그리고 가능하다면 창가 좌석으로 부탁합니다.

☑ 10-3 情景对话 2 상황별 대화 2

20分钟以后，在餐桌上

20여 분 후, 테이블에서

李伟：这是我们第一次到韩国，对韩国菜不太了解，你可以给我们介绍一下吗?

우리가 이번에 처음으로 한국에 와서 한국 음식에 대해 잘 알지 못합니다. 우리에게 소개 좀 해 줄 수 있어요?

服务员： 我们的招牌菜是参鸡汤，鸡里面放点儿糯米、大蒜、红枣、栗子和人参，慢慢炖煮而成的。

저희 레스토랑의 대표 요리는 삼계탕입니다. 닭고기 안에 찹쌀, 마늘, 대추, 밤 그리고 인삼을 넣고 천천히 푹 고아 낸 음식입니다.

李伟： 好的，那我们就尝尝参鸡汤吧。

네, 그럼 삼계탕을 맛보지요.

服务员： 参鸡汤既美味又滋补，您一定会喜欢的。

삼계탕은 맛도 있고 몸에도 좋으니, 손님께서 분명 좋아하실 겁니다.

☑ 10-4 情景对话 3 상황별 대화 3

10分钟以后，服务员端来参鸡汤

10여 분 후, 직원이 삼계탕을 받쳐 들고 온다.

李伟： 请问这道菜怎么吃？

이 요리는 어떻게 먹나요?

服务员： 先吃糯米，然后鸡肉蘸盐吃就可以了。您还想喝点什么吗？

먼저 찹쌀을 드시고, 닭고기를 소금에 찍어 드시면 됩니다. 음료가 필요하십니까?

李伟： 不用了，这些够我们吃的了，味道好极了！谢谢你的服务。

괜찮아요. 이것만 먹어도 충분할 것 같네요. 맛이 정말 좋군요! 고맙습니다.

服务员： 不客气，两位请慢用。

아닙니다. 두 분 모두 즐거운 식사시간 되십시오.

11장

☑ 11-2 情景对话1 상황별 대화 1

客人进入纪念品店

손님이 기념관으로 들어선다.

服务员： 欢迎光临，请问您想要买什么?

어서 오세요. 무엇이 필요하신가요?

李伟： 我想给我的妻子买礼物，但我不善于挑礼物，你能给我介绍一下吗?

아내에게 줄 선물이 필요한데, 선물을 고르기 힘드네요. 혹시 소개해줄 수 있나요?

服务员： 那么这条紫水晶项链怎么样?光泽和透明度都很好，很受客人欢迎。

그럼 이 자수정 목걸이는 어떠세요? 광택과 투명도 모두 훌륭해서 손님들에게 각광받고 있습니다.

李伟： 漂亮极了！我就要这个。

정말 예쁘네요! 이거 하나 주세요.

☑ 11-3 情景对话 2 상황별 대화 2

李伟： 我想买红参，麻烦您给我介绍一下。

홍삼을 사려고 하는데, 소개 좀 부탁할게요.

服务员： 好的，我们有红参茶和红参精。红参精是原液，可以直接吃，但是比较苦，如果您怕苦的话，可以买红参茶。

네, 저희는 홍삼차, 홍삼농축액 등을 제공하고 있습니다. 홍삼농축액은 원액이라 바로 드셔도 되지만 좀 쓴 편이라, 쓴 것을 잘 못 드신다면 홍삼차를 구매하시는 것도 좋겠네요.

李伟：那给我来两盒红参茶。请问我可以付美金吗?

그럼 홍삼차 두 세트 주세요. 달러로 계산해도 될까요?

服务员：没问题，韩币、美金、人民币和信用卡都可以付款。

그럼요. 원화, 달러, 인민폐 및 신용카드도 가능합니다.

☑ 11-4 情景对话 3 상황별 대화 3

李伟：我想买紫菜和辣椒酱，你能给我介绍一下吗?

김과 고추장을 사려고 하는데, 소개 좀 해주실래요?

服务员：您要送人的话，可以买礼盒，现在买两个紫菜礼盒，还赠送小罐辣椒酱。

선물을 하실 거라면, 세트를 구입하시는 것이 좋습니다. 지금 김 세트 2개를 구매하시면, 고추장 캔도 증정해드립니다.

李伟：那我就买两个礼盒吧。对了，我还想买点儿泡菜，小包装的就行了。

그럼 2세트 주세요. 참, 김치도 사야 하는데 작은 걸로 주세요.

服务员：好的，一共是8万韩币，结账的时候店员会给您包装好的。

네, 모두 8만 원입니다. 계산하실 때, 직원이 포장해드릴 겁니다.

12장

☑ 12-2 情景对话1 상황별 대화 1

服务员：　听说您明天要走了，是吗?

내일 떠나신다고 들었는데, 그러신지요?

李伟：　对，明天早上我就要搭飞机回上海了。

네, 내일 오전 항공편으로 상하이로 돌아갑니다.

服务员：　您走之前，有需要我帮忙的地方吗?

떠나시기 전에 제가 도와드릴 것이 있습니까?

李伟：　我有些行李要整理，请给我一把剪刀、一个透明胶带和一些旧报纸。

제가 짐 정리를 좀 해야 해서요. 가위 한 자루, 투명테이프 하나 그리고 지난 신문을 조금 주시기 바랍니다.

☑ 12-3 情景对话 2 상황별 대화 2

服务员：　顺便问一下，明天您要在酒店里吃早餐吗?

말씀 좀 여쭤보겠습니다. 내일 호텔에서 조식을 드시겠습니까?

李伟：　请帮我订一份三明治和一杯美式咖啡，然后在6点半送到我的房间。

샌드위치 하나와 아메리카노 한 잔을 내일 6시 30분에 제 방으로 좀 보내주세요.

服务员：　好的，请问还有其他需要吗?

네. 더 필요한 것은 없으신지요?

李伟：　对了，明天早上我会把行李放在房间门外，麻烦帮我把行李送到大厅门口，谢谢。

아 참, 내일 오전에 제가 짐을 객실 문 밖에 둘 테니, 제 짐을 로비 입구로 좀 옮겨주시기 바랍니다.

☑ 12-4 情景对话 3 상황별 대화 3

第二天早上，服务员敲客人的房门

다음 날 아침, 직원이 객실 문을 두드린다

服务员：　您好，送餐服务，给您送早餐来了。

안녕하세요. 룸 서비스입니다. 조식을 준비해드리겠습니다.

李伟：　谢谢，放在桌上就可以了。

고마워요. 테이블 위에 준비해주세요.

服务员：　请您签一下账单，如果还需要什么，请拨2与送餐服务联系。祝您用餐愉快！

명세서를 확인해주시기 바라며, 혹시 도움이 필요하시면 2번을 누르시고 룸 서비스로 연락 주시기 바랍니다. 즐거운 식사 시간 되십시오!

李伟：　谢谢。

고마워요.

13장

☑ 13-2 情景对话1 상황별 대화 1

在酒店前台

호텔 프런트 데스크에서

李伟： 您好，我要退房。

안녕하세요. 체크아웃 좀 부탁합니다.

服务员： 好的，请告诉我您的房号。

네, 객실 번호를 말씀해주십시오.

李伟： 395号房，这是我的房卡。

395호이고, 이게 제 방 카드입니다.

服务员： 请稍等。…李先生，让您久等了。您住了5天，包括洗衣费一共是85万韩币。

잠시만요. 선생님, 오래 기다리셨습니다. 5일 동안 머무르셔서, 세탁비를 포함하여 총 85만원입니다.

☑ 13-3 情景对话 2 상황별 대화 2

服务员： 您要刷卡还是付现?

신용카드로 결제하시겠습니까 아니면 현금으로 결제하시겠습니까?

李伟： 我要刷卡。对了，我的飞机航班延误了，我可以下午2点再退房吗?

신용카드로 결제하겠습니다. 아 참, 제 항공편이 연기되어서 오후 2시에 체크아웃해도 될까요?

服务员：　很抱歉，根据酒店的规定，退房时间是中午12点以前，如果您要下午退房，得再付半天的房费。

죄송합니다. 호텔 규정에 따라 오후 12시 이전에 체크아웃을 해주셔야 합니다. 만약 오후에 체크아웃을 하신다면, 한나절 가량의 추가 비용을 내셔야 합니다.

李伟：　好吧，那我只好先结账了。

그렇군요. 그럼 하는 수 없이 결제부터 해야겠네요.

☑ 13-4 情景对话 3 상황별 대화 3

服务员：　李先生，要帮您叫出租车吗?

이 선생님, 택시를 호출해드릴까요?

李伟：　我是坐机场大巴来的，没坐过出租车，从酒店到机场坐出租车的费用大概是多少?要多长时间?

저는 공항 리무진을 타고 왔거든요. 택시는 타본 적이 없어서 그러는데, 호텔에서 공항까지 택시 요금이 얼마나 나올까요?

服务员：　大概3万多，不堵车的话30分钟就到了。

대략 3만원 정도입니다. 차가 막히지 않는다면 30여 분이면 도착할 것입니다.

李伟：　好，请帮我叫一辆出租车吧，谢谢。

네, 그럼 택시 한 대 호출해주세요. 고마워요.

녹음대본

제1과

服务员：　晚上好！欢迎来到我们的酒店。请问您需要什么服务？

客人：　我要办理入住手续。我预订了三天的房间，这是我的预订号码。

服务员：　好的，请稍等，我查一下预订记录。……李小姐，谢谢您的等候，您预订了三个晚上的单人房，请给我看一下您的护照。

客人：　好，在这儿。

服务员：　谢谢，您的房间是508号，这是您的房卡。

客人：　谢谢。

☑ 제2과

服务员： 请问这是您第一次到首尔吗？

客人： 不是，这是我第二次来首尔，我是来旅游的。

服务员： 这是我们酒店的服务指南，如果您需要什么，请拨分机号码，或拨0由总机为您服务，希望您在首尔过得愉快。

客人： 好，谢谢。

☑ 제3과

客人： 我来找268房间的金先生，您可以帮我转接吗？

服务员： 好的，请稍等，我给您接通。…对不起，房间里没有人接电话。

客人： 请您查一下他是否留下任何便条。

服务员： 我帮您看一下。对不起，他没有留下任何便条。您要给他留便条吗？

客人：　好，请把这张便条和这个东西转交给他。

服务员：好的，没问题。

제4과

客人：　你好，请帮我订两张星期　去济州岛的机票。

服务员：很抱歉，现在是旅游旺季，从首尔出发的票都卖完了。您可以考虑从釜山飞往济州岛的航班，目前还剩下几张票，要帮您订票吗？

客人：　好吧，经济舱机票多少钱？

服务员：从釜山飞往济州岛的机票一张是韩币16万，加上机场税一共是18万元。

客人：　好，请帮我预订两张。

☑ 제5과

客人：　　您好，我要把200美元的支票兑换成韩币。今天的汇率是多少？

服务员：　今天的汇率是1：1100，请填写一下申请书和兑换单，也请出示一下您的护照。

客人：　　这是我的支票，请给我3张五万的，其余的7张请给我一万的。

服务员：　请核对一下金额, 在这张兑换单上签字。

☑ 제6과

服务员：　对不起，打扰您了，我是客房服务员，请问可以进去打扫房间吗？

客人：　　好的, 请进。对了，请问房间里可以上网吗？

服务员：　可以，我们免费提供无线上网服务。

客人：　　需要密码吗？

服务员：　密码就是您的房号。

☑ 제7과

客人：　我想干洗这件衬衫，大概多久可以取回衣服？

服务员：　干洗一般要一天的时间。

客人：　可是我今天晚上得穿。

服务员：　我们提供加急洗衣服务，洗衣费在您退房时付费就可以了。

☑ 제8과

服务员：　听说您生病了，您觉得什么地方不舒服？

客人：　我头疼得很厉害，请给我一些止痛药。

服务员：　好的，请吃药，多喝水好好儿休息。

客人：　谢谢你。

服务员：　哪里哪里，应该的，希望您早日康复。

☑ 제9과

客人： 你好，我预订了一点的桌位。

服务员： 好的，请跟我来。

服务员： 这是我们的菜单，我们有三明治、蛋糕、咖啡、茶和果汁。您想要点什么？

客人： 给我来一份鸡肉三明治和一杯绿茶。

☑ 제10과

客人： 我对韩国菜不太了解，你可以给我介绍一下吗？

服务员： 我们的招牌菜是参鸡汤，鸡里面放点儿糯米、大蒜、红枣、栗子和人参，慢慢炖煮而成，既美味又滋补，您一定会喜欢的。

客人： 好的，那我就尝尝参鸡汤吧。

☑ 제11과

客人：　我想买红参，麻烦您给我介绍一下。

服务员：好的，我们有红参茶和红参精。红参精是原液，但是比较苦，如果您怕苦的话，可以买红参茶。

客人：　那给我来一盒红参茶。对了，我还想买点儿紫菜。

服务员：好的，一共是26万韩币。

☑ 제12과

服务员：听说您明天要走了，明天您要在酒店里吃早餐吗？

客人：　对，我明天早上回北京。请帮我订一份三明治，然后在6点半送到我的房间。

服务员：好的，请问还有其他需要吗？

客人：　对了，明天早上我会把行李放在房间门外，麻烦帮我把行李送到大厅门口，谢谢。

☑ 제13과

客人：　　您好，我要退房，这是我的房卡。

服务员：　好的，李先生，您住了2天，包括洗衣费一共是35万韩币。您要刷卡还是付现？

客人：　　我要刷卡。对了，从酒店到机场坐出租车的费用大概是多少？要多长时间？

服务员：　大概4万多，不堵车的话半小时就到了。

客人：　　好，请帮我叫一辆出租车吧，谢谢。

정답

1장

☑ 是非题 O, X 문제

1. X 2. O 3. X 4. O

☑ 连连看 연결하기

1. b 2. a 3. d 4. c

2장

☑ 是非题 O, X 문제

1. X 2. X 3. O 4. O

☑ 连连看 연결하기

1. a 2. b, 3. d, 4. c

3장

☑ 是非题 O, X 문제

1. X 2. X 3. O 4. O

☑ 连连看 연결하기

1. b 2. a 3. d 4. c

4장

☑ 是非题 O, X 문제

1. X　2. O　3. O　4. X

☑ 连连看 연결하기

1. c　2. a　3. d　4. b

5장

☑ 是非题 O, X 문제

1. X　2. O　3. O　4. X

☑ 连连看 연결하기

1. c　2. a　3. d　4. b

6장

☑ 是非题 O, X 문제

1. X　2. O　3. X　4. X

☑ 连连看 연결하기

1. b　2. a　3. d　4. c

7장

☑ 是非题 O, X 문제

1. X 2. O 3. O 4. X

☑ 连连看 연결하기

1. c 2. a 3. d 4. b

8장

☑ 是非题 O, X 문제

1. X 2. X 3. O 4. O

☑ 连连看 연결하기

1. d 2. a 3. c 4. b

9장

☑ 是非题 O, X 문제

1. X 2. O 3. O 4. X

☑ 连连看 연결하기

1. c 2. a 3. b 4. d

10장

☑ 是非题 O, X 문제

1. X 2. O 3. X 4. O

☑ 连连看 연결하기

1. c 2. a 3. d 4. b

11장

☑ 是非题 O, X 문제

1. X 2. X 3. O 4. X

☑ 连连看 연결하기

1. c 2. a 3. d 4. b

12장

☑ 是非题 O, X 문제

1. X 2. X 3. O 4. O

☑ 连连看 연결하기

1. b 2. a 3. d 4. c

13장

☑ 是非题 O, X 문제

1. X 2. X 3. O 4. X

☑ 连连看 연결하기

1. c 2. a 3. d 4. b

호텔리어 중국어

초판 인쇄	2017년 3월 17일
초판 발행	2017년 3월 24일
지은이	원종민 · 장린자 · 서준
발행인	김인철
총괄 · 기획	가정준 Director, University Knowledge Press
편집장	신선호 Executive Knowledge Contents Creator
도서편집	김민정 Contents Creator
전자책편집	최인우 Chief e-Contents Creator
재무관리	김은혜 Managing Creator
발행처	한국외국어대학교 지식출판원 02450 서울특별시 동대문구 이문로 107 전화 02)2173-2493~7 팩스 02)2173-3363 홈페이지 http://press.hufs.ac.kr 전자우편 press@hufs.ac.kr 출판등록 제6-6호(1969. 4. 30)
디자인 · 편집	디자인퍼브 02) 2254-4308
인쇄 · 제본	네오프린텍(주) 02)718-3111

ISBN 979-11-5901-184-9　13720　　정가 16,000원

*잘못된 책은 교환하여 드립니다.

HU:iNE은 한국외국어대학교 지식출판원의 어학도서, 사회과학도서, 지역학 도서 Sub Brand이다. 한국외대의 영문명인 HUFS, 현명한 국제전문가 양성(International +Intelligent)의 의미를 담고 있으며, 휴인(携引)의 뜻인 '이끌다, 끌고 나가다'라는 의미처럼 출판계를 이끄는 리더로서, 혁신의 이미지를 담고 있다.

이 책의 음원(mp3)은 한국외국어대학교 지식출판원 홈페이지(press.hufs.ac.kr) - 게시판 - 자료실에서 다운받아 사용하시기 바랍니다.